Fünf Aufgaben
der Prüfungen für den mittleren Justizstaatsdienst mit Lösungen

Aus dem

Grundbuch-, Familien-, Erb- und Vollstreckungsrecht

Von

Dr. Wilhelm Kriener

Oberamtsrichter in München

1933

München, Berlin und Leipzig

J. Schweitzer Verlag (Arthur Sellier)

Druck von Dr. F. P. Datterer & Cie., Freising-München

Vorwort.

Um die in dem amtlichen Vorbereitungskurs in München von mir besprochenen Aufgaben einem weiteren Kreise zugänglich zu machen, habe ich mich entschlossen, diese mit Lösungen zu veröffentlichen.

Die Aufgaben bieten viel des Anregenden und Lehrreichen, so daß deren Studium auch dem jungen Referendar von Nutzen sein dürfte.

München, im August 1933.

Dr. Kriener.

Inhaltsverzeichnis.

I. = 2. Aufgabe der 11. Prüfung vom Jahre 1923.
II. = 3. Aufgabe der 12. Prüfung vom Jahre 1927.
III. = 2. Aufgabe der 13. Prüfung vom Jahre 1930.
IV. = 3. Aufgabe der 13. Prüfung vom Jahre 1930.
V. = 3. Aufgabe der 14. Prüfung vom Jahre 1932.

I. Aufgaben.

Nr. I.

11. Prüfung 1923.

2. Aufgabe.

A. Im Grundbuche für Velden Bd. V Bl. 718 ist das Anwesen Haus Nr. 52 in Velden wie folgt beschrieben:

Pl. Nr. 879a Wohnhaus mit Hofraum zu 0,0065 ha,
„ „ 879b Grasgarten zu 0,210 ha,
„ „ 880 Wiese zu 0,322 ha.

Als Eigentümer ist unterm 3. Januar 1910 der Kaufmann Franz Redlich in Velden eingetragen; die Abteilung III enthält unter dem Datum vom 5. Januar 1922 die Eintragung einer Hypothek ohne Brief für ein von der Vereinsbank Waslingen dem Franz Redlich gegebenes Darlehen von 300000 Mark an erster und die Eintragung einer Hypothek ohne Brief für ein Darlehen von 100000 Mark des Rentners Karl Glück in Velden an zweiter Rangstelle.

Am Montag, den 6. Februar 1922 vormittags 9 Uhr, erschien vor dem Grundbuchamte Velden der am 10. Oktober 1903 geborene Sohn des Franz Redlich, Kaufmannslehrling Ludwig Redlich, und legte vor:

a) eine durch das Notariat Waslingen unterm 1. Februar 1922 beglaubigte Quittung der Vereinsbank Waslingen, in der der Empfang des Hypothekkapitals zu 300000 Mark samt Zinsen und Nebenleistungen bestätigt und als Zahler Franz Redlich angeführt war;
b) ein eigenhändiges Schreiben des Franz Redlich, wonach er die Löschung dieser Hypothek beantragte;
c) eine durch das Notariat Velden beglaubigte Erklärung des Franz Redlich vom 4. Februar 1923, wonach dieser seinem Sohne Ludwig Redlich Vollmacht „zur Wahrung aller seiner Rechte und zur Löschung von Hypotheken" erteilt hatte.

Unter Bezugnahme auf diese Schriftstücke erklärte Ludwig Redlich, daß die Hypothek der Vereinsbank Waslingen zu 300000 Mark gelöscht werden solle. Zugleich brachte er vor, daß sein Vater Franz Redlich das Darlehen zu 100000 Mark von Karl Glück nicht erhalten habe und bat um Auskunft, welche Schritte zur Wahrung der Rechte seines Vaters in dieser Hinsicht zu unternehmen seien.

Der nach der Bekanntmachung vom 6. April 1921 (JMBl. S. 37) zur Aufnahme von Protokollen in Grundbuchsachen ermächtigte Urkundsbeamte eröffnete dem Ludwig Redlich, daß die Hypothek zu 300000 Mark nicht gelöscht werden könne, weil die Löschungsbewilligung der Vereinsbank Waslingen fehle, der Löschungsantrag des Franz Redlich nicht öffentlich beurkundet oder beglaubigt sei und endlich Ludwig Redlich selbst wegen Minderjährigkeit den Löschungsantrag für seinen Vater nicht stellen könne. Bezüglich der Hypothek zu 100000 Mark äußerte sich der Urkundsbeamte dahin, daß Franz Redlich nach § 899 Abs. II BGB. nur auf Grund einer beim Prozeßgerichte zu erwirkenden einstweiligen Verfügung einen Widerspruch gegen die Richtigkeit des Grundbuchs eintragen lassen könne.

B. Am 15. März 1922 verkaufte Franz Redlich sein vorgenanntes Anwesen Haus Nr. 52 zu Urkunde des Notariats Velden an den Kaufmann Georg Hartmann in Velden. Die Urkunde enthielt im Anschluß an den Kaufvertrag die Auflassung sowie die Erklärung des Redlich und des Hartmann, wonach sie die Eintragung der Rechtsänderung im Grundbuche beantragten. Als Kaufpreis wurde in der Urkunde zum Zwecke der Steuer- und Gebührenhinterziehung der Betrag von 1200000 Mark angegeben, während er nach der mündlichen Vereinbarung der Beteiligten 2400000 Mark betragen sollte. Die Urkunde wurde am 18. März 1922 vormittags 9 Uhr vom Notariat Velden dem Grundbuchamte zum Vollzug vorgelegt. Am gleichen Tage nachmittags 3 Uhr erschien Franz Redlich beim Grundbuchamte und brachte vor, daß bei der notariellen Beurkundung der Kaufpreis unrichtig angegeben worden sei. Ein Rechtskonsulent habe ihm gesagt, daß der notarielle Vertrag rechtswirksam werde, wenn die Auflassung im Grundbuch eingetragen würde; er nehme daher seinen Eintragungsantrag zurück und ersuche, die Auflassung nicht zu vollziehen. Der Urkundsbeamte erklärte, die Ansicht über die Heilung des Vertrags sei richtig und nahm die Erklärungen des Franz Redlich zu Protokoll, unterließ es aber infolge eines Versehens, das Protokoll dem Grundbuchrichter vorzulegen. Dieser vollzog am 19. März 1922 die Eintragung des Georg Hartmann als Eigentümer des Anwesens Haus Nr. 52 in Velden. Als der Grundbuchrichter später von der Erklärung des Redlich vom 18. März 1922 Kenntnis erhielt, und dem Urkundsbeamten wegen des Versehens Vorhalt machte, brachte dieser vor, sachlich sei ein Schaden doch nicht eingetreten, da die mündliche Vereinbarung eines höheren Kaufpreises für das Grundbuchamt unbeachtlich und die Zurücknahme des Eintragungsantrages durch Redlich überhaupt unzulässig gewesen sei.

C. Am 3. Mai 1922 starb Georg Hartmann unter Hinterlassung seiner Witwe Anna Hartmann, mit der er seit 1. August 1903 ohne Abschluß eines Ehevertrages verheiratet war, und eines aus der Ehe mit dieser stammenden Sohnes Josef Hartmann, geboren am 2. Juli 1904. In seinem am 4. März 1922 vor dem Bürgermeister der Gemeinde Schönau, wo er sich damals vorübergehend aufhielt, errichteten Testaments, das den Vorschriften des § 2249 BGB. entsprach, hatte er seine Frau und seinen Stiefsohn Karl Schlosser, geboren am 1. Oktober 1899, der aus einer früheren Ehe seiner Frau stammte, als Erben zu gleichen Teilen eingesetzt und bestimmt, daß sein Sohn Josef Hartmann den Pflichtteil erhalten solle. In dem Testamenteröffnungstermin vom 6. Juni 1922 nahmen Anna Hartmann und Karl Schlosser zu Protokoll des Nachlaßgerichts die Erbschaft an und gaben den reinen Wert des Nachlasses auf 4000000 Mark an; die Berichtigung des Grundbuchs wurde nicht beantragt. Anna Hartmann erkannte für sich und als gesetzliche Vertreterin ihres Sohnes Josef Hartmann das Testament als gültig an; Karl Schlosser gab die gleiche Erklärung ab. Eine Auseinandersetzung fand nicht statt. Am 7. Juni 1922 erschien beim Nachlaßgerichte Josef Hartmann und bat um Auskunft über die ihm nach dem Testamente, dessen Rechtsgültigkeit er bezweifle, zustehenden Ansprüche. Der Urkundsbeamte erteilte Auskunft dahin, daß die Frage der Rechtswirksamkeit des Testaments infolge der Anerkennung der Erben bereits außer Zweifel stehe. Den Pflichtteil, den er von den Erben verlangen könne, bestehe, falls der Wert des Nachlasses richtig angegeben sei, in einer Geldforderung von 750000 Mark.

D. Am 4. Dezember 1922 fand sich Anna Hartmann in der Geschäftsstelle des Amtsgerichts Velden ein und erklärte, daß sie sich am 20. Dezember 1922 mit dem Musiker Georg Frohsinn in Velden wieder verehelichen wolle; dabei zeigte sie eine von ihrem Sohne Josef Hartmann ausgestellte Quittung vor, wonach dieser von seiner Mutter 750000 Mark zur Abfindung seines Pflichtteilsanspruches in bar erhalten habe. Auf ihre Frage, welche Schritte sie bei Gericht wegen Wiederverehelichung noch zu unternehmen habe, erteilte der Urkundsbeamte die Auskunft, daß sie zur Verehelichung einer Dispens und eines Wiederverehelichungszeugnisses bedürfe; letzteres werde jedoch voraussichtlich sofort ausgestellt werden können, da eine Auseinandersetzung mit Josef Hartmann nicht mehr notwendig sei, weil dieser seinen Pflichtteil ja bereits erhalten habe.

E. Am 10. Dezember 1922 beantragte der Bierbrauereibesitzer Gustav Fellner in Velden beim Grundbuchamte Velden unter Vorlage einer vom Urkundsbeamten des Amtsgerichts Velden beglaubigten Abschrift des Testaments vom 4. Februar 1922 und des Eröffnungsprotokolls vom 6. Juni 1922 sowie einer Ausfertigung des am 9. Dezember 1922 vom Amtsgerichte Velden gegen Anna Hartmann wegen einer Kaufpreisrestforderung von 100000 Mark nebst 4% Zinsen seit 1. Mai 1920 erlassenen, nicht zugestellten Arrestbefehles, das Grundbuch durch Eintragung der Anna Hartmann und des Karl Schlosser als Miteigentümer des Anwesens Haus Nr. 52 zu gleichen Bruchteilen zu berichtigen und an dem Hälfteanteile der Anna Hartmann eine Arresthöchstbetragshypothek zu 110000 Mark einzutragen. Der Urkundsbeamte gab Auskunft dahin, daß die Berichtigung des Grundbuchs nur von den Eigentümern beantragt werden könne und ohne diese die Eintragung der Arresthypothek nicht möglich sei; auch müsse der Betrag der Forderung auf die drei in Frage stehenden einzelnen Grundstücke verteilt werden.

Es ist unter Würdigung des gesamten Sachverhalts und unter Angabe aller maßgebenden gesetzlichen Bestimmungen darzulegen, ob die von dem Urkundsbeamten vertretenen Anschauungen und die von ihm erteilten Auskünfte zutreffend sind oder welche Auskünfte er geben und die Stellung welcher Anträge er hätte veranlassen sollen. Die Anträge sind nicht förmlich zu entwerfen. Auf die Gebühren- und Kostenfrage ist keine Rücksicht zu nehmen.

Nr. II.

12. Prüfung 1927.

3. Aufgabe.

I.

Mit Beschluß vom 10. Mai 1927 erließ das Bayerische Amtsgericht Münchhofen in das bewegliche und unbewegliche Vermögen des Hausbesitzers Leicht dortselbst Arrest zugunsten einer Forderung des Kaufmanns Scharf zu 460 RM. und setzte darin die Arrestabwendungssumme auf 550 RM. fest. Der Arrestbefehl wurde dem Scharf am 11. Mai 1927 zugestellt. Scharf begab sich damit am gleichen Tage zum Grundbuchamt des Amtsgerichts Münchhofen und verlangte dort unter Vorzeigung des Arrestbefehles Einsicht in das den Grundbesitz des Leicht enthaltende Grundbuch. Die Einsicht ergab, daß Leicht

auf Blatt 391 Eigentümer der Pl. Nr. 986a (Wohnhaus) und 986b (Hauswiese),

auf Blatt 411 als Eigentümer der Pl. Nr. 987 und 987½ (Lagerplätze) eingetragen war, daß aber

auf Blatt 422 als Eigentümer des wertvollen Bauplatzes Pl. Nr. 990 und der dieser Pl. Nr. im Grundbuch als Bestandteil zugeschriebenen Pl. Nr. 990½ noch die Mutter des Leicht, die Baumeisterswitwe Rosa Leicht,

eingetragen war. Diese war, wie Scharf wußte, auf Grund notariellen Testaments von dem Arrestschuldner Leicht allein beerbt worden, der im Eröffnungstermine des Nachlaßgerichts Feldheim die Erbschaft als Alleinerbe angenommen hatte. Scharf fragte den beim Grundbuchamte diensttuenden Sekretär Feder, der zur Vornahme der in § 1, III Bek. vom 6. April 1921 (JMBl. S. 37) bezeichneten Geschäfte ermächtigt war, was er tun müsse, um für sein Arrestguthaben auf allen diesen Grundstücken hypothekarische Sicherung zu bekommen. Feder erteilte die Auskunft und nahm im Anschlusse daran auf Ersuchen des Scharf ein Protokoll mit dem Antrag auf Eintragung einer Arresthypothek auf, laut dessen Scharf auch versprach, alles noch Erforderliche nachträglich einzureichen.

Fragen: Wie hatte die Auskunft des Feder zu lauten?
Was hat Scharf zur Begründung seines Antrags an Urkunden vorzulegen?
In welcher Weise hat er sie sich zu beschaffen?
Der wesentliche Inhalt des Protokolls ist anzugeben.

II.

Feder setzte auf das Protokoll den Einlaufvermerk mit dem Datum vom 11. Mai 1927. Er hatte übersehen, daß Scharf seine Unterschrift nicht auf das Protokoll, sondern auf ein zufällig daneben auf dem Schreibtische liegendes Blatt gesetzt hatte. Auch dem Grundbuchrichter entging das Fehlen der Unterschrift. Dieser setzte dem Antragsteller Scharf durch Zwischenverfügung vom 12. Mai 1927 eine Frist von zwei Wochen lediglich zur Beibringung der erforderlichen Unterlagen behufs Vollzugs der Eintragung der Arresthypothek auf Pl. Nr. 990 und 990½. Scharf schickte am 19. Mai 1927 an das Grundbuchamt durch die Post ein Schreiben, dem alles Erforderliche beilag und in dem er die zu Protokoll gestellten Anträge unter Beifügung seiner Unterschrift wiederholte. Dieses Schriftstück lief samt Beilagen am gleichen Tage beim Grundbuchamt ein. Dem Schuldner Leicht wurde der Arrestbefehl am 25. Mai 1927 zugestellt. Am18. Mai 1927 lief beim Grundbuchamt Münchhofen ein Antrag des Rechtsanwalts Klug ein, auf der auf Blatt 411 vorgetragenen Pl. Nr. 987 auf Grund der beigelegten Arrest- und Kostenfestsetzungsentscheidung eine Arresthypothek einzutragen. Dem Antrage lag bei ein am 9. April 1927 verkündetes Urteil des Landgerichts Bergau samt Zustellungsnachweis, wonach zugunsten einer Forderung des Kaufmanns Schleich zu 380 GM. (1 GM. = Preis von $^1/_{2790}$ kg Feingold) Arrest in das bewegliche und unbewegliche Vermögen des Leicht erlassen und die Arrestabwendungssumme auf 450 GM. festgesetzt war, ferner ein vom Urkundsbeamten des gleichen Gerichts am 14. Mai 1927 erlassener Kostenfestsetzungsbeschluß samt Zustellungsbestätigung, worin die Kosten des Arrestverfahrens auf 70 RM. festgesetzt waren. Dem Schuldner Leicht war das

Arresturteil am 16., der Kostenfestsetzungsbeschluß am 17. Mai zu Handen seines Prozeßbevollmächtigten zugestellt worden. Auf den Antrag des Rechtsanwalts Klug wurde der Eingangsvermerk mit dem Datum des 18. Mai 1927 gesetzt.

Der Vollzug des Antrags des Rechtsanwalts Klug vom 18. Mai wurde sodann durch Beschluß des Grundbuchamts am gleichen Tage abgelehnt, der Eintragungsantrag des Scharf vom 11./19. Mai aber am 20. Mai 1927 grundbuchamtlich vollzogen und der Vollstreckungstitel mit der Vollzugsbestätigung an Scharf zurückgesandt.

Fragen: Wurden die Anträge mit Recht abgewiesen bzw. vollzogen? Der Wortlaut der vollzogenen Eintragungen auf Antrag des Scharf ist anzugeben.

Auf welchem Grundbuchblatte wäre der Antrag des Klug unter der Annahme, daß ein Vollzugshindernis nicht bestand, zu vollziehen gewesen?

III.

Am 30. Mai 1927 entdeckte Feder gelegentlich des Vollzugs eines umfangreichen Messungsverzeichnisses den in diesem liegenden Kaufvertrag des Notariats Münchhofen vom 1. Mai 1927, wonach Leicht die Pl. Nr. 986a, 986b, 987 und 987½ an den Kaufmann Huber verkauft und aufgelassen hatte und beide Vertragsteile den Antrag auf Eintragung des neuen Eigentümers gestellt hatten. Der Urkunde war ein Schreiben des Notariats Münchhofen vom 9. Mai 1927 beigefügt, worin um Vollzug der Urkunde ersucht wurde. Keines dieser Schriftstücke war mit dem Eingangsvermerke des Grundbuchamts versehen; wie sie in das Messungsverzeichnis hineingeraten waren, ließ sich nicht aufklären; wohl aber war festzustellen, daß der Antrag des Notariats mit der Urkunde am 10. Mai 1927 dem Feder im Amtsraume des Grundbuchamts durch einen Beamten des Notariats gesondert übergeben worden war. Feder setzte auf den Kaufvertrag und das Vorlageschreiben des Notariats nachträglich den Eingangsvermerk mit dem Datum des 10. Mai 1927.

War dieses Verfahren des Feder zulässig?

IV.

Der Grundbuchrichter hatte von dem Sachverhalt und der nachträglichen Herstellung des Eingangsvermerkes keine Kenntnis; er vollzog den Kaufvertrag am 4. Juni 1927 und stellte in der Vollzugsbestätigung die am 20. Mai 1927 erfolgte Arrestvollziehung fest. Am 10. Juni 1927 fand sich beim Grundbuchamt der Kaufmann Huber ein, behauptete, der Antrag des Scharf hätte nicht vollzogen werden dürfen, weil der Kaufvertrag dem Grundbuchamte schon vor Einlauf dieser Anträge vorgelegen habe, das Grundbuch sei durch die Eintragung unrichtig geworden; er verlangte von Feder zu wissen, ob er mit Aussicht auf Erfolg einen Antrag auf Berichtigung des Grundbuchs stellen könne oder was er sonst zu tun habe, um die Belastung zu beseitigen.

Fragen: Ist die Auffassung des Huber richtig? Wie hatte die Auskunft des Feder zu lauten?

Welcher Aufschluß wäre dem Huber zu erteilen, wenn das Grundbuchamt am 21. Mai 1927 dem Antrag des Klug durch Eintragung einer Arresthypothek von 450 RM. auf Pl. Nr. 987 im Range nach der für Scharf vollzogenen Eintragung entsprochen hätte?

V.

Huber brachte bei seiner Anwesenheit im Grundbuchamte noch folgendes vor: Er lebe mit seiner Ehefrau Monika in allgemeiner Gütergemeinschaft auf Grund des in Ausfertigung vorgezeigten notariellen Ehevertrages vom 23. Juni 1908; bei der Beurkundung am 1. Mai 1927 habe ihn der Notar mißverstanden und deshalb seien die Grundstücke auf ihn allein verbrieft worden; sie sollten auch nicht ihm und seiner Ehefrau gemeinschaftlich gehören, weil der Kaufpreis mit Mitteln einer seiner Frau angefallenen Erbschaft gezahlt worden sei. Er wolle deshalb, daß die Grundstücke seiner Ehefrau allein gehörten; zum mindesten solle sie in dieser Hinsicht gesichert werden. Feder möge die hiezu erforderlichen Erklärungen sofort aufnehmen.

Frage: Welche Aufklärung hat Feder zu erteilen?

Die Antworten sind jeweils unter Anführung der gesetzlichen Vorschriften eingehend zu begründen.

Nr. III.

13. Prüfung 1930.

2. Aufgabe.

A.

Am 13. Juni 1929 erschien der Möbelschreiner Anton Streng in Felden auf der Geschäftsstelle des dortigen Amtsgerichts und erklärte:

„Ich habe im Herbst des vorigen Jahres dem Landwirt Georg Flott in Felden eine Schlafzimmereinrichtung zum Preise von 700 RM. geliefert, wobei ich mir das Eigentum bis zur vollen Zahlung des Preises vorbehielt. Trotz mehrmaliger Mahnung hat Flott seine Schuld nicht bezahlt, so daß ich das Gericht anrufen mußte. Ich habe am 31. Mai 1929 wegen meiner Forderung Zahlungsbefehl gegen Flott erwirkt, der diesem tags darauf zugestellt wurde. Widerspruch hat Flott bis jetzt nicht eingelegt. Ich möchte nun möglichst schnell zur Zwangsvollstreckung gegen Flott schreiten und bitte um Auskunft, welche Schritte ich zu diesem Zweck unternehmen muß.

Die Pfändung wird bei Flott allerdings auf Schwierigkeiten stoßen, da Flott seine Habe zum großen Teil bereits an dritte Personen übereignet oder verpfändet hat.

Immerhin besitzt Flott auch noch Gegenstände, bei denen dies nicht der Fall ist. Wegen ihrer Pfändung habe ich jedoch erhebliche Bedenken und bitte um Aufklärung über die Rechtslage.

Die von mir gelieferte Schlafzimmereinrichtung befindet sich, wenn auch stark abgenützt, noch im Besitze des Flott. Da mir an ihr immer noch das Eigentum zusteht, ist es mir aber zweifelhaft, ob ich sie wie andere Sachen des Flott pfänden kann oder ob ich sie vielleicht nicht einfach auf Grund meines Eigentums durch einen Gerichtsvollzieher wegnehmen lassen darf.

Bei der Sparkasse Felden hat Flott eine Einlage von glaublich mehreren hundert Reichsmark. Nach den Satzungen der Sparkasse darf die Sparkasse das Guthaben an jeden Inhaber des Sparkassenbuches ohne Legitimationsprüfung zahlen. Wo sich das auf den Namen des Flott ausgestellte Sparkassenbuch befindet, weiß ich nicht. Vielleicht hat es Flott noch in seinem Besitz. Vielleicht hat er es aber auch seinem Freund, dem Gastwirt Max Landmann in Felden, in Verwahrung gegeben. Es wird wohl nur übrig bleiben, das Sparbuch durch den Gerichtsvollzieher suchen und dann pfänden zu lassen.

Ferner besitzt Flott eine goldene Taschenuhr, die mindestens 100 Reichsmark wert ist. Es soll dies allerdings die einzige Uhr in seinem ganzen Haushalt sein; aber ich bin gerne bereit, ihm einer billigere, aber sehr gut gehende Taschenuhr zur Verfügung zu stellen, damit er die goldene entbehren kann."

Frage: Welche Auskunft wird der Urkundsbeamte der Geschäftsstelle dem Streng erteilen?

B.

Am 20. Juni 1929 begab sich der Gerichtsvollzieher bei dem Amtsgerichte Felden, Vollstreckungssekretär Berg, begleitet von Anton Streng, in das Anwesen des Flott, um wegen der unter A. erwähnten Forderung des Streng zu vollstrecken. Er nahm dort folgende Vollstreckungshandlungen vor:

In dem Pferdestalle des Flott standen zwei je 600 RM. werte Pferde, von denen nur eines zum Wirtschaftsbetrieb des Flott erforderlich war. Vollstreckungssekretär Berg erklärte dem anwesenden Flott, daß er eines von diesen Pferden für Streng pfände und befestigte an der Stalltüre ein von ihm unterzeichnetes und mit dem Amtssiegel versehenes Schriftstück folgenden Inhalts: „Pfandanzeige. In der Zwangsvollstreckungssache Streng gegen Flott D. R. Nr. 873 habe ich von den in diesem Stall befindlichen Pferden heute eines gepfändet und in Besitz genommen."

In dem Wohnzimmer des Flott befand sich ein Büffet im Werte von 80 RM. Das Eigentum an diesem hatte Flott bereits im Mai 1929 an den Landwirt Ernst Pflug zur Sicherung einer Darlehensforderung von 50 RM. rechtsgültig übertragen. Dem Gerichtsvollzieher und dem Streng verschwieg er dies jedoch. Vollstreckungssekretär Berg pfändete das Buffet durch Ankleben einer für jedermann ersichtlichen Pfandmarke.

Endlich pfändete Vollstreckungssekretär Berg ein an der Wand hängendes Ölbild „Frau am Meer" im Werte von 30 RM. Auch hier machte er die Pfändung durch Ankleben einer Pfandmarke ersichtlich. Die Pfandmarke fiel aber wenige Tage darauf ab und Flott verkaufte das Bild, ohne etwas von der Pfändung zu erwähnen, um 20 RM. an den Kunsthändler Isidor Stein und übergab es diesem.

Fragen: Wie sind die Vollstreckungshandlungen des Vollstreckungssekretärs Berg rechtlich zu beurteilen? Welche Rechtsverhältnisse bestehen hinsichtlich des Buffets und des Ölbildes? Auf welchem Wege kann Pflug seine Rechte an dem Buffet geltend machen?

Die Antworten sind unter Anführung der gesetzlichen Vorschriften kurz zu begründen.

C.

Am 2. November 1929 erscheint auf der Geschäftsstelle des Amtsgerichts M. der Kaufmann Johann Scharf und erklärt:

Im Jahre 1926 habe ich meinem Bruder, dem Gastwirt Andreas Scharf, ein auf 5 Jahre unkündbares Darlehen von 5000 RM. zum Erwerb eines Anwesens mit Gastwirtschaft in N. gegeben. Dieser Geldbetrag war mir bei dem Tode meiner Mutter als Erbteil zugeflossen und bildet mein einziges Vermögen. Mein Bruder, der als Eigentümer des Anwesens Hs.-Nr. 4 in N. im Grundbuch für N. eingetragen wurde, geriet nach anfänglich gutem Geschäftsgang im Sommer 1929 in große Zahlungsschwierigkeiten, da er, anstatt dem Geschäfte nachzugehen, sich einem leichtsinnigen Lebenswandel ergeben hatte.

Als mir zu Ohren gekommen war, daß er in ernstlichen Unterhandlungen über den Verkauf des Anwesens stehe und mit dem Erlös sich ins Ausland begeben wolle, beantragte ich beim Amtsgericht N. den dinglichen Arrest gegen ihn. Das Amtsgericht gab denn auch meinem Antrage statt und erließ mit Beschluß vom 15. Oktober 1929 gegen Andreas Scharf dinglichen Arrest unter Bestimmung einer Lösungssumme von 5500 RM. Auf meinen am 22. Oktober 1929 beim Grundbuchamt N. eingegangenen Antrag trug dieses am 26. Oktober 1929 an dem Anwesen Hs.-Nr. 4 in N. für mich eine Sicherungshypothek als Höchstbetragshypothek in das Grundbuch ein. Der Arrestbefehl ist mir am 20. Oktober 1929, meinem Bruder auf mein Betreiben am 31. Oktober 1929 zugestellt worden.

Wie ich nun gestern erfahren habe, beabsichtigt mein Bruder die Löschung der Arresthypothek herbeizuführen. Er behauptet, das Grundbuch habe die Eintragung zu Unrecht vorgenommen. Er hat bereits Löschungsantrag beim Grundbuchamt N. gestellt.

Ich möchte nun um Auskunft bitten,

1. ob mein Bruder Aussicht hat, die Löschung der Arresthypothek im Grundbuch zu erwirken,
2. ob und etwa auf welchem Wege es mir möglich ist, im Besitze meiner Arresthypothek zu bleiben oder wenigstens eine neue Arresthypothek zu erlangen.

Frage: Welche Auskunft hat der Urkundsbeamte der Geschäftsstelle dem Johann Scharf zu erteilen?

Die Antwort ist unter Anführung der gesetzlichen Vorschriften in bündiger Kürze zu begründen.

Nr. IV.

13. Prüfung 1930.

3. Aufgabe.

I.

Der verwitwete Rentner Christoph Schneider in Au (Amtsgericht Waslingen), der nicht in fortgesetzter Gütergemeinschaft lebte, hatte 4 Kinder, nämlich:

1. Johann Schneider, geb. 7. März 1904, Getreidehändler in Au,
2. Ernst Schneider, geb. 10. Juli 1905, Landwirt in Au,
3. Adolf Schneider, geb. 10. Juli 1905, Bankbeamter in München,
4. Marie Schneider, geb. 10. Januar 1907, Studentin in Würzburg.

Mit seinen Kindern Adolf und Marie lebte er in Zwietracht. Sein Vermögen bestand aus Pl. Nr. 1, 2, 3, 4, 5 und 6 der Steuergemeinde Au, aus Bargeld und Wertpapieren im Gesamtbetrage von etwa 100000 RM., Pl. Nr. 6, auf der sich ein kleines Wohnhaus befindet, war etwa 4000 RM. wert. Von seinen Kindern haben Johann, Ernst und Marie gleichfalls Grundbesitz, und zwar ist Johann Schneider Eigentümer der Pl. Nr. 7 und 8, Ernst Schneider der Pl. Nr. 11 und 12 und Marie Schneider der Pl. Nr. 14 der St.-G. Au.

Christoph Schneider fühlte sich an seinem 50. Geburtstage sehr leidend; er war auf seine Kinder Adolf und Marie, die ihn nicht beglückwünscht hatten, sehr erzürnt; er schrieb auf ein Formblatt für einen Geschäftsbrief mit der Druckaufschrift „Au" folgendes:

„Meine Kinder Adolf und Marie haben mir schon viel Verdruß bereitet.

Da ich mich schon seit längerer Zeit leidend fühle, auch heute die Wohnung nicht verlassen kann und mit der Möglichkeit meines baldigen Todes rechnen muß, bestimme ich an meinem 50. Geburtstage was folgt: Mein Sohn Adolf erhält Pl. Nr. 6 der Steuergemeinde Au, Anwesen Hs.-Nr. 17 in Au, in dem ich wohne, meine Tochter Marie 10000 RM. Mein übriges Vermögen erhalten meine Kinder Johann und Ernst nach gleichen Teilen.

Christoph Schneider.

geb. am 4. Februar 1877."

Am 10. Juli 1927 starb Christoph Schneider. Das Amtsgericht (Vormundschaftsgericht) Waslingen stellte für Marie Schneider den Landwirt Heinrich Schmidt in Au als Vormund auf.

Fragen: Ist das Testament des Christoph Schneider gültig? Wie sind seine Bestimmungen auszulegen?

II.

Am 1. August 1927 fanden beim Amtsgerichte Waslingen die Nachlaßverhandlungen bezüglich des verlebten Christoph Schneider statt. Hiezu hatten sich Johann, Ernst und Adolf Schneider und der Vormund Heinrich Schmidt eingefunden. Alle Erschienenen erkannten an, daß das Testament des geschäftsfähigen Christoph Schneider von ihm geschrieben worden war; sie erklärten die Annahme der ihnen gemachten Zuwendungen und stellten den Antrag, das Grundbuch nach Maßgabe des Testaments des Christoph Schneider in der im folgenden angegebenen Weise zu berichtigen. Das Amtsgericht (Grundbuchamt) Waslingen, dem die Nachlaßakten zugeleitet wurden, schrieb daraufhin die Pl. Nr. 6 von dem Grundbuchblatte, das über die Grundstücke des verlebten Christoph Schneider geführt wurde, ab, legte für diese Pl. Nr. ein neues Grundbuchblatt an und schrieb in dessen Abt. I den Adolf Schneider als „Eigentümer auf Grund Erbfolge" ein. Auf dem Grundbuchblatte für die Pl. Nr. 1, 2, 3, 4, 5 wurden in Abt. I Johann und Ernst Schneider als „Miteigentümer in Erbengemeinschaft" eingetragen.

Fragen: War das Verfahren des Grundbuchamts und sind die Eintragungen im Grundbuch richtig? Was hätte zur gesetzmäßigen Ausführung des

Willens des Erblassers geschehen sollen? Wie hat sich das Grundbuchamt gegenüber den vollzogenen Eintragungen zu verhalten?

Bei der Beantwortung der Fragen ist auf die Pflichtteilsrechte der Beteiligten nicht einzugehen, vielmehr anzunehmen, daß diese Rechte gewahrt sind. Auch ist die formelle Gültigkeit des Testaments zu unterstellen.

III.

Johann Schneider betrieb ein Getreidehandelsgeschäft. Er baute ein Lagerhaus, dessen Grundfläche zum Teil auf Pl. Nr. 7 und zum Teil auf Pl. Nr. 8 zu stehen kam. Der Bauhandwerker Otto Schmieling in Au machte an diesem Lagerhaus Bauarbeiten. Er hörte, daß Johann Schneider nicht gut stehe. Da dieser ihm keine dingliche Sicherung geben wollte, erwirkte er am 1. Mai 1928 eine einstweilige Verfügung des Amtsgerichts Waslingen, wonach eine Vormerkung zur Sicherung seines Anspruchs auf Einräumung einer Sicherungshypothek für eine Bauforderung in Höhe von 900 RM. an Pl. Nr. 7 und 8 der St.G. Au eingetragen werden solle. Der Beschluß des Amtsgerichts wurde dem Antragsteller und dem Gegner am 4. Mai 1928 zugestellt. Am 6. Juli 1928 legte Schmieling die einstweilige Verfügung dem Grundbuchamte Au mit dem Antrage vor, die Vormerkung auf Pl. Nr. 7 und 8 der St.-G. Au einzutragen. Das Grundbuchamt lehnte den Antrag ab, weil die beiden Plannummern nicht als ein Grundstück eingetragen seien und die Sicherungshypothek deshalb zu verteilen sei.

Fragen: War die Ablehnung begründet? Sind die hiefür angeführten Gründe richtig?

IV.

Am 10. Juli 1928 erließ das Amtsgericht Waslingen in der Streitsache des obenbezeichneten Schmieling gegen Johann Schneider wegen Abgabe einer Willenserklärung Endurteil dahin: „Beklagter hat zu bewilligen, daß für eine Bauforderung des Otto Schmieling, Bauhandwerkers in Au, zu 900 RM. eine Sicherungshypothek an Pl. Nr. 7 und 8 der Stgde. Au des Johann Schneider eingetragen wird.“

Am 14. Juli 1928 erließ das gleiche Gericht in einer Streitsache Schmieling gegen Johann und Ernst Schneider Endurteil dahin, daß die Beklagten gesamtverbindlich an den Kläger den Betrag von 2000 RM. zu zahlen haben.

Nach eingetretener Rechtskraft legte Schmieling die ergangenen mit den Zustellungsnachweisen versehenen Urteile des Amtsgerichts Waslingen vom 10. und 14. Juli 1928 in vollstreckbarer Ausfertigung am 15. Oktober 1928 dem Grundbuchamte Waslingen vor. Er beantragte auf Grund des Urteils vom 10. Juli 1928 die Eintragung einer Sicherungshypothek an Pl. Nr. 7 und 8 der St.-G. Au für seine Bauforderung zu 900 RM., auf Grund des Urteils vom 14. Juli 1928 die Eintragung einer Gesamtsicherungshypothek für seine Darlehensforderung zu 2000 RM. an Pl. Nr. 8 des Johann Schneider und an Pl. Nr. 11 des Ernst Schneider. Das Grundbuchamt eröffnete dem Schmieling, daß, da es sich um Zwangsvollstreckungen handle, die Forderung bei Belastung mehrerer Grundstücke zu teilen sei und jede Teilhypothek 500 RM. übersteigen müsse. Schmieling fand sich jetzt auf dem Grundbuchamte persönlich ein und erklärte zu Protokoll des Urkundsbeamten, es solle für seine Forderung zu 900 RM. eine Sicherungshypothek nur an Pl. Nr. 7 eingetragen werden. Von der ausgeklagten Darlehensforderung zu 2000 RM. sollten 1400 RM. an Pl. Nr. 8 und 600 RM. an Pl. Nr. 11 durch Eintragung einer Sicherungshypothek gesichert werden. Das Grundbuchamt vollzog diese Anträge.

Fragen: Ist die Rechtsanschauung des Grundbuchamts zutreffend? Hätte den ursprünglichen Anträgen entsprochen werden sollen?

V.

Johann Schneider stand in Geschäftsverbindung mit dem Getreidegroßhändler Georg Sturm in Velden. Er schuldete ihm erhebliche Geldbeträge. Am 15. Oktober 1928 überschickte er ihm folgende eigenhändig geschriebene, notariell beglaubigte Erklärung:

„Au, den 13. Oktober 1928.

Ich stehe mit dem Getreidegroßhändler Georg Sturm in Velden in Geschäftsverbindung und schulde ihm für Mehllieferungen den Betrag von 10000 RM.; ich verpfände zur Sicherung dieser Forderung dem Sturm meinen Erbanteil an dem Nachlasse meines Vaters Christoph Schneider. Ich ermächtige den Sturm diese Verpfändung im Grundbuch eintragen zu lassen.

Johann Schneider, Getreidehändler in Au.

Gesch.-Reg. Nr. 783. Die Echtheit vorstehender Unterschrift des Getreidehändlers Johann Schneider in Au wird hiemit beglaubigt.

Waslingen, den vierzehnten Oktober eintausendneunhundertachtundzwanzig.

(Siegel) Neu, bayer. Notar."

Sturm legte diese Urkunde dem Grundbuchamte Waslingen mit dem Antrag auf Vollzug vor. Das Grundbuchamt trug die Verpfändung des Erbteils in Abteilung II des Grundbuchblattes ein, löschte aber tags darauf die Eintragung von Amts wegen.

Fragen: Durfte die Verpfändung eingetragen werden? War die Eintragung von Amts wegen zu löschen? Oder wie hätte sonst verfahren werden sollen?

VI.

Der Landwirt Anton Eder in Bergen hatte am 11. Juli 1928 dem oben angeführten Ernst Schneider ein Darlehen von 1000 RM. gegeben, das vom Tage der Hingabe an mit jährlich 10% verzinslich sein sollte. Ernst Schneider bestellte für diese Forderung in Haupt- und Nebensache mit dinglicher Unterwerfungsklausel zu Urkunde des Notariats Velden vom 12. November 1928 G.-R. Nr. 729 eine Gesamtbuchhypothek an der Pl. Nr. 12 der St.-G. Au und an seinem Erbteil an Pl. Nr. 1 der St.-G. Au. Das Notariat legte die Urkunde dem Grundbuchamte Waslingen mit dem Antrag auf Vollzug vor.

Das Grundbuchamt trug auf dem für die Pl. Nr. 11 und 12 gemeinsam geführten Blatte in Abteilung III folgendes ein:

Am 16. November 1928. Hypothek auf Pl. Nr. 12 zu 1000 RM. — eintausend Reichsmark — für ein Darlehen des Landwirts Anton Eder in Bergen nebst 10% Zinsen. Im übrigen wird auf die Eintragungsbewilligung zu Urkunde des Notariats Velden vom 12. November 1928 G.-R. Nr. 729 Bezug genommen.

Altmann.

Dagegen wies es den Antrag auf Eintragung der Hypothek auf dem Anteile des Ernst Schneider an Pl. Nr. 1 mit der Begründung ab, die Hypothek könne auf diesem einzelnen Grundstück, obwohl es mit den übrigen zum Nachlasse gehörigen Grundstücken nicht vereinigt sei, nicht eingetragen werden, weil nur der ganze Nachlaßanteil belastet werden dürfe.

Fragen: War das Verfahren des Grundbuchamts richtig? Geht die Eintragung in Ordnung oder welche Mängel hat sie? Sind die Gründe der Ablehnung zutreffend?

Die Vorgänge unter V sind bei der Beantwortung außer Betracht zu lassen.

VII.

Marie Schneider studierte Medizin. Da sie Geld brauchte, beschloß ihr Vormund, die Pl. Nr. 14 der St.-G. Au zu verkaufen. Er erschien deshalb am 10. November 1927 mit dem Gutsbesitzer Ludwig Arnold von Au auf dem Notariate Waslingen. Arnold handelte ohne Vollmacht für Hans Schörner, Landwirt in Velden. Der Vormund verkaufte Pl. Nr. 14 der Steuergemeinde Au an Hans Schörner um 1000 RM. Das Notariat beurkundete bei gleichzeitiger Anwesenheit des Schmidt und des Arnold den Kaufvertrag und die Auflassung. Beide Vertragsteile beantragten die vormundschaftsgerichtliche Genehmigung. Der Vertrag wurde am 1. Dezember 1927 dem Vormundschaftsgerichte Waslingen vorgelegt, das am 7. Dezember 1927 in die Akten den Vermerk setzte: „Vertrag vom 10. November 1927, von dem Abschrift anliegt, vormundschaftsgerichtlich genehmigt,“ und die Urschrift der notariellen Urkunde mit dem vom Vormundschaftsrichter unterschriebenen Genehmigungsvermerk an das Notariat zurückleitete. Am nächsten Tage lief beim Vormundschaftsgericht eine anonyme Anzeige ein, worin der Vormund Schmidt sittlicher Verfehlungen beschuldigt wurde. Das Vormundschaftsgericht enthob darauf sofort mit Beschluß vom gleichen Tage den Schmidt seines Amtes. Der Beschluß wurde am 11. Dezember 1927 dem Schmidt zugestellt. Die Aufstellung eines neuen Vormundes unterblieb. Auf die von Schmidt am 20. Dezember eingelegte Beschwerde hob das Landgericht den Beschluß des Amtsgerichts auf; der Beschluß des Beschwerdegerichts wurde dem Schmidt am 8. Januar 1928 zugestellt. In der Zwischenzeit hatte das Vormundschaftsgericht am 3. Januar 1928 dem Käufer Schörner die Genehmigung mit eingeschriebenem Brief bekanntgegeben; daraufhin erklärte Schörner vor dem Notariat Waslingen, er genehmige die von Arnold für ihn abgegebenen Erklärungen. Der Notar fügte diese Erklärung der Urkunde über den Kaufvertrag an und beglaubigte die Unterschrift des Schörner darunter und legte sodann am 9. Januar 1928 die Urkunde dem Grundbuchamte zum Vollzug vor. In der Urkunde war auch der Eintragungsantrag enthalten. Das Grundbuchamt trug Hans Schörner, Landwirt in Bergen, als Eigentümer der Pl. Nr. 14 der St.-G. Au am 10. Jan. 1928 ein. Marie Schneider war in dem Verfahren nicht gehört worden und hatte keine Erklärung abgegeben.

Fragen: Waren oder wurden der Kaufvertrag und die Auflassung bindend und rechtswirksam? Durfte der Eigentumswechsel im Grundbuch eingetragen werden? War das Verfahren des Vormundschaftsgerichts gesetzmäßig?

Die Antworten zu I bis VII sind unter Anführung der gesetzlichen Vorschriften und unter Würdigung der in Frage stehenden gerichtlichen Maßnahmen näher zu begründen.

Nr. V.

14. Prüfung 1932.

3. Aufgabe.

I.

Der verwitwete Landwirt Franz Alt in Felden ist Eigentümer des Grundstücks Pl. Nr. 25, Wohnhaus Nr. 10 in Felden mit Hof und Garten. Im Grundbuch ist er noch mit seiner Ehefrau Katharina Alt als Miteigentümer je zur Hälfte eingetragen. Frau Alt ist am 10. September 1931 gestorben und von ihrem Manne auf Grund eines notariellen Testaments allein beerbt worden. Das Testament war am 5. Oktober 1931 vor dem Nachlaßgericht eröffnet und hierüber dort ein Protokoll aufgenommen worden.

Am 12. Januar 1932 erschienen Franz Alt und seine volljährige Tochter Marie Alt, die demnächst die Ehe mit dem Händler Fritz Jung einzugehen beabsichtigte, vor dem Notariat Felden. Franz Alt erklärte dort, er übertrage seiner Tochter zum Zwecke der Ausstattung anläßlich ihrer bevorstehenden Verehelichung den halben Miteigentumsanteil an Pl. Nr. 25. Marie Alt nahm dies an und beide waren darüber einig, daß das Eigentum an dem halben Grundstücksanteil auf Marie Alt übergehe. Es wurde jedoch bestimmt, daß Franz Alt bis zu seinem Lebensende die Nutznießung an dem ganzen Anwesen haben solle und deshalb der Antrag auf Eintragung des Eigentumsübergangs beim Grundbuchamt erst gestellt werden dürfe, wenn der Übergeber nicht mehr am Leben sei. Einstweilen solle deshalb zugunsten der Marie Alt eine Vormerkung zur Sicherung des Anspruchs auf Übertragung des halben Miteigentumsanteils im Grundbuch eingetragen werden. Auf der Pl. Nr. 25 war zugunsten einer Darlehensforderung der Bezirkssparkasse Felden eine Sicherungshypothek von 10000 RM. eingetragen. Da Franz Alt seiner Tochter Marie den halben Anteil am Grundstück lastenfrei übertragen wollte, verpflichtete er sich, die Hypothek ausschließlich auf den ihm verbleibenden Hälfteanteil zu übernehmen. Zur Sicherung dieses Anspruchs der Marie Alt auf Pfandfreistellung bestellte Franz Alt seiner Tochter eine Sicherungshypothek in Höhe von 5000 RM. und bewilligte die Eintragung einer Vormerkung auf Eintragung dieser Sicherungshypothek an dem ihm verbleibenden Miteigentumsanteil.

Diese sämtlichen Erklärungen wurden vom Notar beurkundet und die Urkunde dem Grundbuchamt Felden am 14. Januar 1932 zum Vollzug vorgelegt.

Das Grundbuchamt lehnte den Vollzug mit folgender Begründung ab: Im Grundbuch seien noch die Eheleute Alt, nicht aber Franz Alt allein eingetragen; zunächst müsse die Erbfolge eingetragen werden, zu deren Nachweis es eines Erbscheines bedürfe; die Verfügung des Franz Alt stelle sich als eine Schenkung von Todes wegen dar, auf die die nicht erfüllten Formvorschriften über die letztwilligen Verfügungen Anwendung fänden; außerdem könne eine Übertragung von Eigentum an Grundstücken niemals unter einer Bedingung oder Befristung erfolgen; zur Sicherung eines nicht eintragungsfähigen Eigentumsanspruchs sei auch eine Vormerkung nicht zulässig; das gleiche gelte für die Bestellung der Sicherungshypothek, weil ohne vorgängige Vermessung des halben Anteils am Grundstücke wegen der Besorgnis der Verwirrung des Grundbuchs eine Eintragung des Grundstückpfandrechts oder einer Vormerkung darauf an einem Grundstück unmöglich sei.

Fragen: War die Entscheidung des Grundbuchamts richtig? Wie hätte es verfahren sollen?

II.

Franz Alt ist außer von Pl. Nr. 25 noch Eigentümer der Äcker Pl. Nr. 30, 31 und 31½ der Steuergemeinde Felden. Diese 3 Grundstücke sind in Abteilung III Nr. 1/I belastet mit einer Vormerkung zur Sicherung des Anspruchs des Baumeisters Hans Mörtel auf Eintragung einer Sicherungshypothek für eine Bauforderung von 2000 RM., in

Nr. 2/II mit einer Buchhypothek für ein Darlehen der städt. Volksbank Felden in Höhe von 3000 FGM.

Am 13. Januar 1932 bestellte Franz Alt zu Urkunde des Notariats Felden für sich selbst an den Pl. Nr. 30, 31 und 31½ eine Eigentümerbriefgrundschuld in Höhe von 1500 FGM. nebst 2% Zinsen über den jeweiligen Reichsbankdiskontsatz, jedoch höchstens 12% jährlich. Er unterwarf sich gleichzeitig der sofortigen Zwangsvollstreckung aus der Urkunde in der Weise, daß die Zwangsvollstreckung gegen den jeweiligen Eigentümer der Grundstücke zulässig sein sollte. Ferner bewilligte er die Eintragung einer Vormerkung zur Sicherung des Anspruchs des jeweiligen Inhabers der Eigentümerbriefgrundschuld von 1500 FGM. auf Löschung der im Range unter 1/I und 2/II vorgehenden Rechte, falls sich diese mit dem Eigentum in einer Person vereinigen würden. Die Urkunde wurde mit der Eintragungsbewilligung zu der Eigentümergrundschuld samt Zinsen und Vollstreckungsunterwerfung sowie der Löschungsvormerkung dem Grundbuchamt Felden am 15. Januar 1932 vorgelegt mit dem Antrage, die entsprechenden Eintragungen im Grundbuch vorzunehmen.

Am 16. Januar 1931 trug das Grundbuchamt in Abt. III unter 3/III ein:

Grundschuld für den Eigentümer Franz Alt in Höhe von 1500 FGM.

Vormerkung zur Sicherung des Anspruchs auf Löschung der Rechte unter Nr. 1/I und 2/II, falls sie sich mit dem Eigentum in einer Person vereinigen, zugunsten des jeweiligen Inhabers der Grundschuld unter 3/III.

Die Nichteintragung der Zinsen und der Zwangsvollstreckungsunterwerfung begründete das Grundbuchamt damit, daß ein Grundstückseigentümer gegen sich selbst aus der für ihn bestellten Grundschuld keine Zinsen verlangen und nicht mit Zwangsvollstreckung vorgehen könne; auch dürfe nur ein festbestimmter Zinssatz eingetragen werden; es müsse deshalb die Eintragung der Zinsen und der Vollstreckungsunterwerfung abgelehnt werden.

Am 20. Januar 1932 löschte das Grundbuchamt von Amts wegen wieder die unter 3/III eingetragene Grundschuld samt der Vormerkung mit der Begründung, die Eintragung der Grundschuld habe sich gemäß §§ 1115, 1192 BGB. als unzulässig erwiesen, da die Eintragung einer Hypothek oder Grundschuld ohne den Zinssatz unmöglich sei; es müsse deshalb, nachdem der beantragte Zinsenanspruch nicht eintragungsfähig sei, bei dem Zusammenhang der sämtlichen Anträge auch die Grundschuld als ungesetzlich samt der ein unselbständiges Nebenrecht darstellenden Löschungsvormerkung, die zudem als subjektiv dingliches Recht nicht eingetragen werden dürfe, wieder gelöscht werden.

Am 25. Januar 1932 begab sich Franz Alt zur Geschäftsstelle des Amtsgerichts Felden und befragte den dortigen Urkundsbeamten, welche Schritte er gegen das Vorgehen des Grundbuchamtes unternehmen, ob er insbesondere die Eintragung eines Widerspruches beantragen könne, und welche Aussichten auf Erfolg eine an das Landgericht Felden gerichtete Beschwerde gegen die Löschung der Grundschuld und der Vormerkung und die Nichteintragung der Zinsen und Zwangsvollstreckungsunterwerfung habe.

Frage: War das ganze Verfahren des Grundbuchamts richtig? Welche Auskunft ist dem Alt zu erteilen? Dabei ist die Rechtslage im einzelnen zu würdigen.

III.

Am 29. Januar 1932 erwirkte der Händler Jakob Reis in Niederkirchen gegen die Volksbank Felden beim Amtsgericht Felden ein Versäumnisurteil in Höhe von 560 RM. Da er befürchtete, die Volksbank werde alsbald über ihre Hypothekenforderung zu seinem Nachteil verfügen, wartete er die Zustellung des Urteils an die Volksbank nicht ab, sondern ließ sowohl der Volksbank wie dem Franz Alt eine Mitteilung durch den Gerichtsvollzieher zustellen mit der Aufforderung an Franz Alt, von der durch Hypothek gesicherten Darlehensforderung von 3000 GM. nichts an die Volksbank zu zahlen, und mit der Aufforderung an die

Volksbank, sich jeder Verfügung über die Forderung, insbesondere deren Einziehung zu enthalten. Diese Zustellungen erfolgten am 30. Januar 1932. Daraufhin stellte Reis am 31. Januar 1932 beim Grundbuchamt Felden den Antrag „auf Eintragung der Pfändung der der Volksbank zustehenden Hypothek oder wenigstens einer Vormerkung zur Sicherung seines Anspruchs darauf."

Das Grundbuchamt lehnte die Eintragung der Vormerkung ab mit der Begründung, der Betrag von 560 RM. müsse auf die einzelnen Grundstücke verteilt werden. Die Eintragung der Pfändung der Hypothek bezeichnete es als unzulässig, weil ein Pfandrecht erst begründet werde, wenn der Vollstreckungstitel zugestellt sei und ein gerichtlicher Forderungspfändungs- und Überweisungsbeschluß vorliege.

Die Entscheidung des Grundbuchamts ist zu würdigen.

IV.

Am 2. Februar 1932 verkaufte der Landwirt Heinrich Korn an Franz Alt zu Urkunde des Notariats Felden aus seinem Grundstück Pl. Nr. 45, Acker in Niederfeld zu 0,700 ha, die auf der östlichen Seite gelegene Hälfte um den Preis von 600 RM. Der Kaufpreis wurde sofort bezahlt, worüber Korn Quittung erteilte. Die Beteiligten waren darüber einig, daß das Eigentum an der genau bezeichneten östlichen Hälfte des Grundstücks sofort auf Franz Alt übergehe. Die Eintragung des Eigentumsübergangs sollte unterbleiben, bis das Grundstück neu vermessen würde.

Von dem zwischen Korn und Alt abgeschlossenen Rechtsgeschäft erhielt der Privatier Anton Reich zufällig am gleichen Tag Kenntnis. Reich hatte Mitte Dezember 1931 wegen einer Darlehensforderung von 300 FGM. beim Amtsgericht Felden gegen Alt einen Zahlungs- und Vollstreckungsbefehl erwirkt. Er begab sich am 3. Februar 1932 auf das Grundbuchamt Felden und stellte unter Vorlage des Vollstreckungsbefehls den Antrag, den Alt nach § 14 GBO. als Eigentümer der erworbenen Teilfläche und sodann an dieser eine Sicherungshypothek für seine Forderung zu 300 FGM. einzutragen.

Das Grundbuchamt lehnte den Antrag mit dem Hinweis darauf ab, daß die Forderung des Reich die hiefür vorgeschriebene Grenze von 500 RM. nicht erreiche.

Frage: Ist die Ablehnung des Antrags begründet? Welche Schritte kann Reich unternehmen, um in den an Alt veräußerten Grundstücksteil die Zwangsvollstreckung betreiben zu können oder eine dingliche Sicherung daran zu erhalten?

V.

Am 17. Februar 1932 starb Franz Alt und wurde auf Grund Gesetzes von seinen drei Kindern Marie, Erwin und Otto Alt beerbt. Am 4. März 1932 wurden Marie, Otto und Erwin Alt im Grundbuch als Miteigentümer der Grundstücke Pl. Nr. 30, 31 und 31½ in Erbengemeinschaft eingetragen.

Am 8. Februar 1932 hatte der Gastwirt Ferdinand Faß gegen Erwin Alt beim Amtsgericht Felden wegen einer Zechschuld von 70 RM. ein Anerkenntnisurteil und sodann am 2. März 1932 einen Pfändungs- und Überweisungsbeschluß erwirkt, nach dem der dem Erwin Alt zustehende Erbteil und der ihm gegen seine Geschwister zustehende Erbauseinandersetzungsanspruch gepfändet und dem Faß zur Einziehung überwiesen worden war. Unter Vorlage des Urteils mit Rechtskraftzeugnis und des Pfändungs- und Überweisungsbeschlusses nebst Zustellungsnachweisen stellte Faß am 4. März 1932 beim Grundbuchamt Felden den Antrag, für ihn auf dem dem Erwin Alt zustehenden ⅓ Erbanteil an dem Grundstücke Pl. Nr. 30 eine Zwangshypothek, auf den sämtlichen Grundstücken Pl. Nr. 30, 31, 31½ die Pfändung des dem Erwin Alt zustehenden Erbteils einzutragen; gleichzeitig beantragte er unter Bezugnahme auf die bezeichneten Urkunden beim Amtsgericht Felden die Zwangsverwaltung und Zwangsversteigerung der bezeichneten Grundstücke.

Fragen: Wie haben das Grundbuchamt und das Vollstreckungsgericht über die Anträge zu befinden? Von dem Entwurfe formeller Entscheidungen ist abzusehen.

Die Antworten sind unter Angabe der gesetzlichen Vorschriften und unter Darlegung der Rechtslage und unter Eingehung auf sämtliche Gründe der Entscheidungen zu begründen.

II. Lösungen.

Nr. I.

A.

I.

1. Würde bei Zahlung einer Geldschuld nicht nur die Forderung nach § 362 BGB. erlöschen, sondern mit dieser auch die zu ihrer Sicherung bestellte Hypothek, so würde zu deren Löschung einmal Löschungsantrag nach § 13 GBO. und des weiteren entweder Löschungsbewilligung nach § 19 GBO. oder Nachweis der Unrichtigkeit des Grundbuchs nach § 22 Abs. 1 GBO. durch eine Quittung genügen. Da aber mit dem Erlöschen der Forderung nicht auch die Hypothek erlischt, diese sich vielmehr nach § 1163 Abs. 1 Satz 2 BGB. und § 1177 BGB. in eine Eigentümergrundschuld verwandelt, das Recht also nunmehr dem Eigentümer zusteht, ist nach § 27 Abs. 1 GBO. zur Löschung des weiteren noch die Zustimmung des Eigentümers erforderlich.

2. Die Löschung der Hypothek darf daher nur erfolgen, wenn vorliegt:

a) Löschungsbewilligung des Gläubigers nach § 19 GBO. oder Quittung des Gläubigers nach § 22 Abs. 1 GBO.

b) Zustimmungserklärung des Eigentümers nach § 27 Abs. 1 GBO.

c) Löschungsantrag des Gläubigers oder des Eigentümers nach § 13 GBO.

3. Diese Erklärungen müssen nicht von den Beteiligten selbst, sondern sie können auch von einem Vertreter abgegeben werden; Art. 8 AG.z.GBO. mit § 13 FGG. Da die vertretungsweise abgegebenen Erklärungen nur dann wirksam sind, wenn der Vertreter vom Vertretenen zur Erklärung bevollmächtigt ist (§ 164 BGB.), so muß in diesem Falle dem Grundbuchamt die Vollmacht nachgewiesen werden.

Zu beachten ist, daß nach § 165 BGB. die Wirksamkeit einer von einem Vertreter abgegebenen Willenserklärung nicht dadurch beeinträchtigt wird, daß der Vertreter in der Geschäftsfähigkeit beschränkt ist.

Damit die Hypothek gelöscht werden kann, ist daher noch des weiteren die von Franz Redlich dem minderjährigen Ludwig Redlich erteilte Vollmachtserklärung vorzulegen.

4. Die Quittung, die Zustimmungserklärung und die Vollmachtserklärung bedürfen zu ihrer Rechtswirksamkeit an sich keiner Form, sie können also in jeder beliebigen Weise abgegeben werden. Damit aber das Grundbuchamt mit Sicherheit beurteilen kann, ob diese Erklärungen von den Erklärenden wirklich herstammen, also zum Nachweis ihrer Echtheit, schreibt § 29 Satz 1 GBO. vor, daß das Grundbuchamt eine Eintragung (auch die Löschung ist eine Eintragung) nur vornehmen soll, wenn diese zur Eintragung erforderlichen Erklärungen vor dem Grundbuchamte zu Protokoll gegeben oder durch öffentliche oder öffentlich beglaubigte Urkunden nachgewiesen werden. Dagegen ist der Antrag des § 13 GBO. nach § 30 GBO. dieser Form nicht unterworfen.

5. Nach Inhalt der Aufgabe liegt dem Grundbuchamt vor:

a) Eine durch das Notariat Waslingen unterm 1. Februar 1922 beglaubigte Quittung der Vereinsbank Waslingen, in der der Empfang des Hypothekenkapitals zu 3000000 Mark samt Zinsen und Nebenleistungen bestätigt und als Zahler Franz Redlich angeführt ist. Dem Erfordernis der §§ 22 Abs. 1 und § 29 Satz 1 GBO. ist damit genügt.

b) Die offenbar zu Protokoll des Grundbuchamts gegebene Erklärung des Ludwig Redlich, daß die Hypothek der Vereinsbank Waslingen zu 3000000 Mark gelöscht werden soll; in dieser Erklärung ist eine Zustimmungserklärung im Sinne des § 27 Abs. 1 GBO. zu erblicken. Ferner eine öffentlich (notariell) beglaubigte Vollmacht des Franz Redlich zur Abgabe dieser Erklärung. Auch hier ist dem Erfordernisse des § 27 Abs. 1 GBO. und des § 29 Satz 1 GBO. genügt.

c) Ein eigenhändiges Schreiben des Franz Redlich, wonach er die Löschung der Hypothek beantragt. Hier ist dem Erfordernis des § 13 GBO. genügt, der Antrag kann nach § 30 GBO. formlos gestellt werden.

Sämtliche Voraussetzungen der Löschung der Hypothek sind also gegeben, der Antrag hätte vollzogen werden sollen. Eine etwaige Abweisung des Antrags kann nach § 71 Abs. 1 GBO. mit Beschwerde angefochten werden.

6. Die Auskunft des Urkundsbeamten war falsch:

a) Neben dem Nachweis der Unrichtigkeit nach § 22 Abs. 1 GBO. kann nicht noch des weiteren die Eintragungsbewilligung des § 19 GBO. gefordert werden, es genügt *eine* der beiden Erklärungen.

b) Die Erklärung des minderjährigen Ludwig Redlich ist nach § 165 BGB. rechtswirksam; übrigens erklärt er in Vertretung seines Vaters nicht den Antrag nach § 13 GBO., sondern die Zustimmung nach § 27 Abs. 1 GBO.

c) Der Löschungsantrag des Franz Redlich (§ 13 GBO.) bedarf nach der Ausnahmebestimmung des § 30 GBO. nicht einer der Formen des § 29 GBO.

II.

Wenn der Eigentümer Franz Redlich auf die zur Sicherung der angeblichen Darlehensforderung bestellte Hypothek des Karl Glück ein Darlehen nicht erhalten hat, so besteht nach § 1163 Abs. 1 Satz 1 BGB. und § 1177 Abs. 1 BGB. keine Hypothek des Glück, sondern eine Eigentümergrundschuld des Redlich. Der Inhalt des Grundbuchs steht daher in Ansehung der eingetragenen Hypothek mit der wirklichen Rechtslage nicht im Einklange. Nach § 894 BGB. kann daher Franz Redlich, dessen Recht an der Eigentümergrundschuld nicht eingetragen ist, von Karl Glück, der zu Unrecht als Gläubiger der Hypothek eingetragen ist, die Zustimmung zur Berichtigung des Grundbuchs verlangen.

Zur einstweiligen Sicherung seines Berichtigungsanspruchs und zur Vermeidung der aus dem öffentlichen Glauden des Grundbuchs entstehenden Gefahren, kann Redlich einstweilen die Eintragung eines Widerspruches nach § 899 BGB. verlangen.

Diese Eintragung kann nach § 899 Abs. 2 BGB. auf Grund einer einstweiligen Verfügung erfolgen. Ist aber eine Buchhypothek für ein Darlehen bestellt worden, so kann nach § 1139 BGB. der Eigentümer vor Ablauf eines Monats nach Eintragung der Hypothek ohne weiteres beim Grundbuchamt die Eintragung eines Widerspruchs beantragen, mit der Begründung, daß die Hingabe des Darlehens unterblieben sei.

Die Voraussetzungen zur Anwendung dieser Sondervorschrift sind hier gegeben. Einmal handelt es sich um eine Buchhypothek für ein Darlehen. Die Hypothek wurde am 5. Januar 1922 eingetragen, die einmonatige Frist würde nach §§ 187, 188 BGB. an sich mit dem 5. Februar 1922 endigen; da aber dieser Tag ein Sonntag war, endigt die Frist nach § 193 BGB. erst mit dem nächstfolgenden Tag, also mit dem Montag, dem 6. Februar 1922; die Frist ist also gewahrt.

Ludwig Redlich konnte auf Grund der Vollmacht des Vaters, wonach er zur Wahrung aller seiner Rechte ermächtigt war, den Antrag stellen.

In diesem Sinne hätte Ludwig Redlich belehrt und mit Rücksicht auf die Dringlichkeit zur sofortigen Stellung des Antrages auf Eintragung des Widerspruches veranlaßt werden sollen.

Da nach § 1139 Satz 2 BGB. dem innerhalb der Monatsfrist eingetragenen Widerspruch rückwirkende Kraft beigelegt ist, hätte sodann der Widerspruch noch im Laufe des 6. Februar 1922 eingetragen werden sollen.

B.

I.

Das Grundbuchamt hat bei beabsichtigter Eigentumsübereignung die Eintragung vorzunehmen, wenn Antrag nach § 13 GBO. Eintragungsbewilligung nach § 19 GBO. und Auflassung nach § 20 GBO. vorliegen. Veräußerer und

3*

Erwerber haben Antrag auf Eintragung gestellt; in ihm ist ein gemischter Antrag zu erblicken; er enthält also zugleich die Eintragungsbewilligung. Siehe Meikel-Imhof (1932) Seite 374. Es liegt also vor:

1. Antrag des Veräußerers und des Erwerbers,
2. Eintragungsbewilligung des Veräußerers,
3. Auflassung des Veräußerers und Erwerbers.

Zu 1. Der Antrag kann nach der ausdrücklichen Bestimmung des § 32 GBO. zurückgenommen werden, aber nur in der Form des § 29 GBO. Diese Form ist hier gewahrt, da ja Redlich seine Erklärung zu Protokoll des Grundbuchamtes abgegeben hat. Dieser Widerruf nützt ihm aber nichts, da auch der Erwerber Buchungsantrag gestellt hat, diesen Antrag nicht zurückgenommen hat und der Antrag nur eines der beiden Beteiligten zum Vollzuge der Eintragung genügt.

Da demnach die sämtlichen Voraussetzungen zur Eintragung vorliegen, muß an sich die Auflassung vollzogen werden.

Zu 2. Die Eintragungsbewilligung kann nicht zurückgenommen werden, wenn sie dem Grundbuchamt gegenüber erklärt oder dem, zu dessen Gunsten sie erfolgt, ausgehändigt ist. Meikel-Imhof Seite 249 Anm. 6a; denn jede zugegangene Willenserklärung ist bindend, soweit nicht das Gesetz ausdrücklich den Widerruf gestattet. Siehe auch § 130 BGB.

Zu 3. Die Auflassung kann nicht widerrufen werden, da sie nach § 873 II BGB. bindend geworden ist.

II.

1. Die Auflassung, das Erfüllungsgeschäft, ist vom Kaufvertrag, dem Verpflichtungsgeschäft, grundsätzlich unabhängig. Auch wenn das Verpflichtungsgeschäft nichtig ist, ist daher das Erfüllungsgeschäft gültig; und wenn auf Grund dieser gültigen Auflassung die Eintragung auf den neuen Eigentümer erfolgt, so ist damit nach §§ 873 und 925 BGB. der Eigentumswechsel eingetreten; allerdings besteht bei Ungültigkeit des Grundgeschäftes im allgemeinen ein Rückübereignungsanspruch nach § 812 BGB.

Ist nun das Verpflichtungsgeschäft speziell wegen eines Formmangels nach § 313 Satz 1 BGB. mit § 125 BGB. nichtig, so ist nicht nur die Auflassung und die Eigentumsübertragung trotzdem rechtswirksam, sondern es wird sogar durch diese beiden Tatsachen das bisher nichtige Verpflichtungsgeschäft nach § 313 Satz 2 BGB. geheilt.

2. Der Kaufvertrag ist nun hier nach § 313 Satz 1 BGB. nichtig, nachdem die Kaufpreissumme nicht richtig beurkundet worden ist. Siehe Kommentar der RGR. § 313 Anm. 2. Durch die Auflassung und Eintragung ist nun hier nicht nur der Eigentumswechsel eingetreten, es ist mit ihm auch nach § 313 Satz 2 BGB. der Kaufvertrag rechtsgültig geworden mit der Folge, daß nunmehr der Käufer Hartmann die vereinbarte Summe von 2 400 000 Mark zahlen muß. S. RGR. § 313 Anm. 4 am Ende und § 117 Anm. 2 am Ende.

III.

Trotzdem die formgerechte Zurücknahme des Veräußerers ohne Bedeutung ist, da des weiteren Buchungsantrag des Erwerbers vorliegt und auch die übrigen Voraussetzungen der Eintragung erfüllt sind, und obwohl durch die erfolgte Eintragung nicht nur der Eigentumswechsel eingetreten, sondern sogar der Kaufvertrag gültig geworden ist (siehe oben I und II), hätte im vorliegenden Fall die Eintragung doch nicht vorgenommen werden sollen.

§ 24 des Grunderwerbssteuergesetzes in der Fassung vom 11. März 1927 schreibt nämlich vor, daß die Eintragung des Erwerbers in das Grundbuch erst stattfinden darf, wenn dem Grundbuchamt eine Bescheinigung der Steuerstelle beigebracht wird, daß die Steuer für den Eigentumsübergang gestundet oder ein, der voraussichtlichen Höhe der Steuer entsprechender Betrag geleistet, oder eine Steuer nicht zu erheben ist.

Die Bescheinigung wird von der Steuerstelle (Finanzamt) erteilt. In Bayern tritt für die Erteilung der Bescheinigung über die geleistete Sicherheit und die Steuerfreiheit an die Stelle der Steuerstelle regelmäßig der Notar, der das der Eigentumsänderung zugrundeliegende Rechtsgeschäft beurkundet hat.

Das Grundbuchamt hat zu prüfen, ob der Rechtsvorgang unter das Grunderwerbsteuergesetz fällt und ob die Bescheinigung nach § 24 vorliegt.

In der vorgelegten Urkunde hat sich die betreffende Bescheinigung offenbar nur auf den von den Beteiligten angegebenen Kaufpreis von 1 200 000 Mark erstreckt. Bezüglich eines weiteren Betrags in gleicher Höhe liegt eine solche Bescheinigung nicht vor. Es steht daher der Eintragung das Hindernis des § 24 GErwStG. entgegen, und wäre, wenn diese Hinterziehung zur Kenntnis des Grundbuchamts gelangt ist, nach § 18 GBO. der Antrag entweder zurückzuweisen, oder zum mindesten wäre eine Zwischenverfügung veranlaßt gewesen.

Das Vorbringen des Urkundsbeamten war also nicht richtig. Den Beteiligten ist durch die erfolgte Eintragung ein Schaden allerdings nicht entstanden. Dem Fiskus aber drohte durch die beabsichtigte Hinterziehung der Steuer ein Schaden, um diesen zu vermeiden, hätte das Grundbuchamt die Eintragung verweigern sollen. Die mündliche Vereinbarung des höheren Kaufpreises war daher für das Grundbuchamt nicht unbeachtlich. Der Grundbuchbeamte ist unter Umständen nach § 12 GBO. dem Fiskus zum Schadensersatz verpflichtet.

Beizufügen ist, daß nach § 192 RAbgO. (RGBl. 1919 S. 2039) dem Grundbuchamt, wenn es von einer Steuerhinterziehung Kenntnis erhält, die Pflicht obliegt, der Steuerbehörde hievon Mitteilung zu machen.

C.

I.

Die Gültigkeit des den Formvorschriften des § 2249 BGB. entsprechenden Dorftestamentes ist nach § 2252 BGB. auf die Dauer von 3 Monaten beschränkt; da diese Frist beim Tode des Georg Hartmann noch nicht abgelaufen war, bestand es also noch zu Recht.

II.

In dem Testament wurde die Witwe und der volljährige Stiefsohn des Erblassers zu Erben zu gleichen Teilen eingesetzt, mit der Bestimmung, daß der minderjährige eheliche Sohn Josef Hartmann den Pflichtteil erhalten solle. Nach § 2304 BGB. ist die Zuwendung des Pflichtteils im Zweifel nicht als Erbeinsetzung anzusehen, er ist daher nicht Miterbe, sondern er hat nach § 2317 BGB. lediglich ein Forderungsrecht gegenüber dem Nachlasse.

III.

Der Pflichtteil besteht nach § 2303 BGB. in der Hälfte des Wertes des gesetzlichen Erbteils. Wäre gesetzliche Erbfolge eingetreten, so wäre Josef Hartmann als einziger Abkömmling des Erblassers nach § 1924 BGB. zu dreiviertel und die Witwe des Erblassers nach § 1931 BGB. zu einviertel Erbe geworden. Bei einer Nachlaßhöhe von 4 Mill. Mark beträgt daher der Wert des gesetzlichen Erbteils des Josef Hartmann 3 Mill., der Pflichtteil besteht daher in einer Geldforderung von 1,5 Mill. und nicht, wie ihm erklärt wurde, nur in einer solchen von 750 000 Mark.

IV.

Die erteilte Auskunft, daß die Rechtswirksamkeit des Testamentes infolge der Anerkennung der Erben außer Frage stehe, ist nicht richtig.

1. Ist eine letztwillige Verfügung gültig, so bedarf sie niemals einer Anerkennung; ist sie aber ungültig, so kann sie durch eine Anerkennung der Beteiligten Rechtswirksamkeit nicht erlangen. Die von den Beteiligten etwa geäußerten Bedenken sollen dem Nachlaßrichter lediglich Anhaltspunkte dafür bieten, nach welchen Richtungen er von Amts wegen tätig zu werden hat, um die Gültigkeit oder Ungültigkeit einer letztwilligen Verfügung festzustellen. Die einseitige Anerkennung einer letztwilligen Verfügung enthält aber unter Umständen einen Verzicht auf das Anfechtungsrecht; siehe Haberstumpf-Barthelmeß (1931) § 32 Anm. 6.

2. Die Mutter des Josef Hartmann kann nun als Inhaberin der elterlichen Gewalt nach §§ 1630, 1684, 1686 BGB. an sich den Sohn vertreten und hat auch für diesen das Testament anerkannt. Nun besteht aber gerade bei dieser Erklärung zwischen Mutter und Sohn ein erheblicher Interessengegensatz. Die Mutter hat Interesse daran, daß das Testament gültig ist, der Sohn hat Interesse daran, daß es für ungültig erklärt wird. Auch bezüglich der Angabe der Höhe des Wertes des Nachlasses besteht Interessengegensatz, da sich bei Gültigkeit des Testamentes die Höhe der Pflichtteilsforderung aus der Angabe des Wertes des Nachlasses berechnet. Bei diesem Interessengegensatz ist nach § 1796 Abs. 2 dem gesetzlichen Vertreter die Vertretungsmacht zu entziehen und nach § 1909 für den Mündel ein Pfleger aufzustellen, der seine Interessen unbefangen wahrnehmen kann. Zur Stellung eines solchen Antrages hätte der minderjährige Josef Hartmann veranlaßt werden sollen. Die Zuständigkeit des Vormundschaftsgerichts Velden folgt aus §§ 35, 36, 37, 43 FGG.

D.

Die Auskunft, daß die Witwe Anna Hartmann zur Wiederverehelichung einer Dispens und eines Wiederverehelichungszeugnisses bedürfe, ist an sich richtig.

I.

Georg Hartmann ist am 3. Mai 1922 gestorben, seine Witwe will sich am 20. Dezember 1922 wieder verehelichen. Dieser Wiederverehelichung steht das Ehehindernis des § 1313 Abs. 1 BGB. entgegen. Von dieser Vorschrift kann nach § 1313 Abs. 2 Befreiung gewährt werden; die Witwe hat daher ein Dispensgesuch im Sinne des § 1313 einzureichen.

Zuständig zur Entscheidung darüber ist in Bayern nach § 2 der Bekanntmachung vom 16. Mai 1919 (JMBl. S. 200) das Amtsgericht des Wohnsitzes.

II.

Auch eines Wiederverehelichungszeugnisses im Sinne des § 1314 bedarf die Witwe.

Die Verpflichtungen des § 1669 obliegen nicht nur dem Vater, sondern nach § 1686 BGB. auch der Mutter, obwohl diese nach § 1697 BGB. mit der Wiederverehelichung die elterliche Gewalt verliert.

Die Herbeiführung der Auseinandersetzung kommt nun allerdings nicht in Frage, da eine Gemeinschaft zwischen Mutter und Kind nicht besteht; denn der Nachlaß steht den beiden nicht in Erbengemeinschaft zu, der Sohn hat vielmehr gegen den Nachlaß lediglich eine Forderung aus seinem Pflichtteilsrecht.

Wohl aber ist ein Vermögensverzeichnis einzureichen. Die Zahlung von 750000 Mark an Josef Hartmann hat keine schuldbefreiende Wirkung, und auch die von diesem ausgestellte Quittung entbehrt der Rechtswirksamkeit; von einer rechtswirksamen Abfindung des Josef Hartmann kann daher keine Rede sein. Das Vormundschaftsgericht kann daher ein Zeugnis darüber, daß der Witwe die Einreichung eines Vermögensverzeichnisses mangels Vermögens des Kindes nicht obliegt, nicht ausstellen.

Die Witwe hat also ein Verzeichnis des ihrer Verwaltung unterliegenden Vermögens ihres Sohnes einzureichen. Die Richtigkeit und Vollständigkeit dieses Verzeichnisses hat das Vormundschaftsgericht nachzuprüfen. Die Prüfungspflicht wird sich im vorliegenden Fall besonders darauf zu erstrecken haben, ob Bestand und Wert des Nachlasses, aus dem sich dann die Höhe des Nachlaßanspruchs berechnet, richtig angegeben sind. Diese Tätigkeit wird sicher eine längere Zeit beanspruchen, die Auskunft, daß das Wiederverehelichungszeugnis voraussichtlich sofort ausgestellt werden könne, ist daher nicht richtig.

E.

Auf Grund des Dorftestamentes vom 4. März 1922 ist Georg Hartmann von seiner Witwe Anna Hartmann und von seinem Stiefsohne Karl Schlosser zu je ½ Anteil beerbt worden. Der Gesamtnachlaß des Georg Hartmann ist also auf diese beiden zu je ½ Anteil übergegangen.

Einen Bestandteil des Nachlasses bildet das Anwesen Hs.-Nr. 52 in Velden, bestehend aus Pl. Nr. 879 und Pl.

Nr. 880. Diese Grundstücke sind im Grundbuch noch auf den Erblasser Georg Hartmann eingetragen, das Grundbuch ist also auf die Erben noch nicht berichtigt worden.

Der Gläubiger Gustav Fellner hat gegen Anna Hartmann eine Kaufpreisrestforderung zu 100000 Mark nebst 4% Zinsen seit 1. Mai 1920, am 9. Dezember 1922 hat er beim Amtsgericht Velden hiewegen gegen Anna Hartmann einen Arrestbefehl erwirkt. Mit diesem Arrestbefehl will Fellner gegen Anna Hartmann vorgehen, die vorherige Zustellung ist nach § 929 Abs. 3 ZPO., welche Bestimmung eine Ausnahme von der Regel des § 750 ZPO. bildet, nicht nötig.

I.

Fellner ist nun, offenbar wie auch der Urkundsbeamte, der Ansicht, daß Anna Hartmann und Karl Schlosser an dem Anwesen und damit an den einzelnen Grundstücken Miteigentümer zu je 1/2 Anteil geworden seien.

Wäre diese Ansicht richtig, so könnte Fellner allerdings auf dem 1/2 Anteile der Grundstücke der Anna Hartmann eine Arresthöchstbetragshypothek nach § 932 ZPO. eintragen lassen.

a) Richtig wäre dann die Auskunft des Urkundsbeamten, daß vor Eintragung der Hypothek die Berichtigung des Grundbuchs zu erfolgen habe; denn nach § 40 GBO. könnte die Eintragung der Hypothek erst erfolgen, wenn das Grundbuch mindestens bezüglich des der Anna Hartmann zustehenden Miteigentumsanteils von dem noch eingetragenen Eigentümer Georg Hartmann auf dessen Witwe Anna berichtigt worden wäre; die Ausnahmsbestimmung des § 41 GBO. käme nicht in Betracht, da es sich hier nicht um Übertragung oder Aufhebung, sondern um Belastung des Eigentums handelt. Eine Berichtigung des Grundbuchs auch bezüglich des dem Karl Schlosser zustehenden 1/2 Anteils wäre dagegen nicht erforderlich, da ja bei diesem Anteil eine Eintragung nicht in Frage käme.

b) Unrichtig dagegen wäre die Auskunft, daß die Berichtigung nur von den Eigentümern (genauer der Miteigentümerin Anna Hartmann) beantragt werden könne. Denn nach § 14 GBO. kann die Berichtigung des Grundbuchs durch Eintragung eines Berechtigten auch von demjenigen beantragt werden, welcher auf Grund eines gegen den Berechtigten vollstreckbaren Titels eine Eintragung in das Grundbuch verlangen kann, sofern die Zulässigkeit dieser Eintragung von der vorherigen Berichtigung des Grundbuchs abhängt. Beide Voraussetzungen wären hier gegeben; einmal bildet, wie aus § 928 ZPO. hervorgeht, auch der Arrestbefehl einen Vollstreckungstitel im Sinne des § 14 GBO., und daß die Eintragung der Hypothek die vorherige Berichtigung des Grundbuchs voraussetzt, wurde oben unter a ausgeführt.

c) Auch die Auskunft, daß der Betrag der Forderung auf die drei in Frage stehenden Grundstücke verteilt werden müsse, wäre nicht ganz richtig. Eine Verteilung hätte nach § 932 Abs. 2 und § 867 Abs. 2 ZPO. allerdings zu erfolgen, da aber Pl. Nr. 879 a b nur ein einziges Grundstück bildet (DAfGBA. § 171 Abs. 1), nur auf die beiden Grundstücke Pl. Nr. 879 a b und 880.

II.

Nun sind aber Anna Hartmann und Karl Schlosser keineswegs Miteigentümer der Grundstücke nach Bruchteilen, sondern Gesamthandseigentümer nach §§ 2033 Abs. 2 und 2040 Abs. 1 BGB. Der Miterbe kann über den Anteil an den einzelnen zum Nachlaß gehörenden Gegenständen nicht verfügen, dieser kann daher auch nicht verpfändet, gepfändet oder mit Hypothek belastet werden (freiwillig oder zwangsweise), da auch diese Rechtsänderungen Verfügungen über den Gegenstand darstellen. Da also die in Frage stehenden Grundstücke einzelne Gegenstände des Nachlasses bilden, kann der an ihnen bestehende Gesamthandsanteil der Anna Hartmann mit einer Sicherungshypothek nicht belastet werden.

Der gestellte Antrag wäre daher sofort zurückzuweisen gewesen (§ 18 Abs. 1 GBO.), bei richtiger Sachbehandlung wäre eine Stellungnahme zu den Fragen der vorherigen Grundbuchberichtigung, zur Legitimation der Antragstellung zur Berichtigung, und zur Verteilung der Forderung auf die einzelnen Grundstücke gar nicht veranlaßt gewesen.

III.

Über den Rahmen der gestellten Aufgabe hinaus soll hier noch kurz geprüft werden, ob der Vollstreckungsgläubiger Fellner auf Grund seines Arrestbefehls anderweitig gegen die hier in Frage stehenden Vermögensrechte der Anna Hartmann vorgehen kann.

Wie sich aus § 2033 BGB. ergibt, ist zwischen dem Anteil des Miterben an Gesamtnachlaß und dem Anteil des Miterben an den einzelnen zum Gesamtnachlaß gehörigen Gegenständen zu unterscheiden. Über letzteren kann er nicht verfügen, wohl aber über ersteren; und da auch die Pfändung eine Unterart der Verfügung ist, so hebt § 859 ZPO. ausdrücklich hervor, daß zwar der Anteil des Miterben an den einzelnen Nachlaßgegenständen der Pfändung nicht unterworfen ist, wohl aber sein Anteil am Gesamtnachlaß.

Der **Erbteil** der Anna Hartmann kann also gepfändet werden, die Pfändung erfolgt nach § 857 Abs. 1 ZPO. ähnlich wie die Pfändung einer Geldforderung nach §§ 829 ff. ZPO. Es ergeht also Pfändungsbeschluß nach § 829 ZPO. Während bei Urteilen und sonstigen Titeln des § 794 ZPO. zur Erlassung des Pfändungsbeschlusses das Vollstreckungsgericht nach § 828 ZPO. zuständig ist, ist bei Arrestbefehlen das Arrestgericht nach § 930 Abs. 1 Satz 2 ZPO. zuständig. Mit Zustellung des Pfändungsbeschlusses an den Miterben Karl Schlosser ist nach §§ 928 und 829 Abs. 3 ZPO. die Pfändung als bewirkt anzusehen.

Gehört daher zum Nachlaß ein Grundstück oder ein sonstiges Grundbuchrecht, so ist auch in diesem Fall der Erbteil mit Zustellung des Pfändungsbeschlusses gepfändet, eine Eintragung der Pfändung in das Grundbuch ist zur **Wirksamkeit** der Pfändung des Erbteils nicht nötig. Wohl aber kann die mit Beschluß und Zustellung schon erfolgte Pfändung des Erbteils im Wege der **Grundbuchberichtigung** in das Grundbuch eingetragen werden, s. Meikel-Imhof (1932) S. 314 unten und S. 315 oben.

Ist das Grundbuch vom Erblasser auf die Miterben in Erbengemeinschaft schon vorher berichtigt worden, so unterliegt diese Eintragung der Pfändung keinen Schwierigkeiten. Wohl aber dann, wenn noch der Erblasser als Eigentümer eingetragen ist. Denn auch hier ist nach § 40 GBO. Voraussetzung der Eintragung der Pfändung, daß das Grundbuch zuvor auf die Miterben berichtigt ist, und es frägt sich, ob auf Grund des § 14 GBO. der Vollstreckungsgläubiger in der Lage ist, diese vorherige Berichtigung auf die Miterben durchzusetzen.

Zur Prüfung dieser Frage soll vorerst von der Zwangsvollstreckung ganz abgesehen und lediglich angenommen werden, daß beispielsweise der Erblasser E noch als Eigentümer im Grundbuch eingetragen ist, während in Wahrheit A, B und C auf Grund Erbfolge Gesamteigentümer des Grundstücks geworden sind. Zwar ist jeder Erbe selbstständig berechtigt, den Antrag nach § 13 GBO. auf Grundbuchberichtigung zu stellen. Zur Berichtigung ist aber (neben dem Nachweis der Erbfolge nach § 36 GBO.) noch des weiteren nötig, daß die übrigen Miterben nach § 22 Abs. 2 GBO. die Zustimmung zu ihrer Eintragung als Eigentümer erteilen; und diese Zustimmung kann der die Berichtigung nach § 13 GBO. beantragende Miterbe für die übrigen Miterben nicht erklären, sie muß von diesen selbst erklärt werden; diese Zustimmung kann auch nicht erzwungen werden, denn ein Miterbe hat gegen die übrigen Miterben keinen Anspruch auf Erteilung dieser Zustimmung; nur wenn also alle übrigen Miterben diese Zustimmung freiwillig erklären, kann die Berichtigung des Grundbuchs auf die Miterben erfolgen, verweigert auch nur ein einziger Miterbe diese Zustimmung, so ist die Berichtigung nicht möglich.

Der Vollstreckungsgläubiger eines Miterben kann nun gegen die übrigen Miterben nicht mehr Rechte haben als dieser Miterbe selbst. Der Gläubiger kann daher zwar nach § 14 an Stelle des Schuldners-Miterben den Antrag nach § 13 GBO. stellen, nicht aber kann er auch für die übrigen Miterben die Zustimmung nach § 22 Abs. 2 GBO. erklären.

In unserem Fall kann daher nur dann das Grundbuch auf Anna Hartmann und Karl Schlosser in Erbengemeinschaft berichtigt und kann sodann nur dann die Pfändung bezüglich des Erbanteils der Anna Hartmann eingetragen werden, wenn der Miterbe Karl Schlosser der Erbenberichtigung freiwillig zustimmt. Weigert es sich dagegen, so kann das Grundbuch trotz des § 14 GBO. weder bezüglich der Erben noch der Pfändung berichtigt werden.

S. Güthe-Triebel (1929) § 13, Anm. 46; § 14, Anm. 15; § 22, Anm. 60. Ferner Meikel-Imhof (1932) § 22 Anm. 9, c, Abs. 2.

IV.

Beizufügen ist noch: Bei dem Betrage von 110000 Mk. handelt es sich offenbar um die Lösungssumme des § 923 ZPO. Beim Vollzuge der Pfändung wären die Fristen des § 929 Abs. 2 und 3 ZPO. zu beachten; § 932 Abs. 3 ZPO. käme hier selbstredend nicht in Frage, denn der Arrest würde ja hier nicht durch Eintragung einer Hypothek nach § 932 Abs. 1 ZPO., sondern durch Pfändung des Erbteils nach § 930 Abs. 1 Satz 3, § 857 und § 829 ff. ZPO. vollzogen.

Nr. II.

I.

1. Der Arrestbefehl kann in Grundstücke nach § 932 ZPO. durch Eintragung einer Sicherungshypothek vollzogen werden.

a) Zwar verweist § 932 Abs. 2 ZPO. nicht auf § 866 ZPO., trotzdem nimmt die Praxis überwiegend an, daß auch die Eintragung der Arresthypothek an die Voraussetzung geknüpft ist, daß der einzutragende Höchstbetrag 500 RM. übersteige. Diese Wertgrenze ist durch die nach § 923 ZPO. festgesetzte Arrestabwendungssumme von 550 RM. erreicht (Stein-Jonas, § 932 Anm. II, 3).

b) Soll der Arrestbefehl in mehrere Grundstücke des Schuldners vollzogen werden, so ist nach §§ 932 Abs. 2 mit 867 ZPO. der Betrag der Forderung auf die einzelnen Grundstücke zu verteilen. Dabei ist hier folgendes zu beachten: Pl. Nr. 986 a und Pl. Nr. 986 b bilden nach §§ 171 und 295, II DAfGBA. nur ein Grundstück; Pl. Nr. 987 und Pl. Nr. 987½ sind nach §§ 169, 295, I DAfGBA. zwei selbständige Grundstücke; dadurch, daß der Pl. Nr. 990 die Pl. Nr. 990½ als Bestandteil nach § 890 Abs. 2 BGB., § 5 GBO., § 333 DAfBGA. zugeschrieben ist, gelten diese beiden als nur ein Grundstück. Es bestehen also vier Grundstücke, auf diese ist die Forderung nach Ermessen des Gläubigers zu verteilen.

2. Die Pl. Nr. 990 und 990½ sind im Grundbuch noch auf Eigentum der Mutter des Schuldners eingetragen. Die Eintragung der Arresthypothek soll daher nach § 40 GBO. erst erfolgen, wenn der Schuldner als Eigentümer eingetragen ist; das Grundbuch ist also zuvor auf den Schuldner zu berichtigen. Zur Stellung des Berichtigungsantrags des § 13 GBO. ist nach § 14 GBO. auch der Gläubiger Scharf befugt, nachdem die Voraussetzungen des § 14 GBO. hier vorliegen. Die Erbfolge muß nach § 36 GBO. dem Grundbuchamt entweder durch Erbschein oder durch die in einer

öffentlich-rechtlichen Urkunde enthaltene Verfügung von Todes wegen und das Eröffnungsprotokoll des Nachlaßgerichtes nachgewiesen werden. An sich könnte der Gläubiger nach § 792 ZPO. die Ausstellung eines Erbscheins beantragen; da aber notarielles Testament vorliegt und auch Eröffnungstermin des Nachlaßgerichtes schon stattgefunden hat, so kann Gläubiger nach § 792 ZPO. auch beglaubigte Abschrift des Testaments und Ausfertigung des Eröffnungsprotokolls des Nachlaßgerichtes Feldheim verlangen und auf Grund dieser Urkunden die Berichtigung des Grundbuchs beantragen.

3. Zustellung des Arrestbefehls an den Schuldner ist vor Vollziehung des Arrestes nicht erforderlich, doch sind die Fristen des § 929 Abs. 2 und 3 ZPO. zu beachten.

4. Die Auskunft des Feder hat hienach dahin zu lauten, daß die Forderung auf die vier Grundstücke zu verteilen ist, daß vorher die Berichtigung des Grundbuchs bezüglich der Pl. Nr. 990 und 990½ durchzuführen ist, und daß Gläubiger selbst die Berichtigung herbeiführen kann. Auch ist er auf die Fristen des § 929 ZPO. aufmerksam zu machen.

5. Das Protokoll hat die in DAfGBA. § 95 Ziff. 1 mit 3 genannten Punkte zu enthalten. Sodann folgt Antrag auf Grundbuchberichtigung und auf Eintragung der Arresthypothek, die Teilbeträge sind auf die vier Grundstücke genau auszuscheiden. Die vorgelegten und noch nachzubringenden Urkunden sind genau anzugeben. Das Protokoll schließt mit den in § 95, Ziff. 6 und 7 DAfGBA. genannten Punkten.

II.

1. Es wurde eine Zwischenverfügung nach § 18 GBO. erlassen, jedenfalls wegen der mangelnden Unterschrift des Antragstellers auf dem Protokoll. Diese Zwischenverfügung war nötig, da der Antrag des § 13 GBO. nach § 30 GBO. regelmäßig einer Form nicht bedarf, weshalb auch §§ 86 und 95 Ziff. 6 DAfBGA. lediglich bestimmen, daß das Protokoll unterschrieben sein *soll*; auch ist der Antragsteller dem Grundbuchamt bekannt. Übrigens hätte, nachdem schon einmal Zwischenverfügung angeordnet wurde, diese nicht auf

die Pl. Nr. 990 und 990½ beschränkt, sondern in der Richtung auf alle Grundstücke erlassen werden sollen.

Nachdem sie nun aber einmal erlassen wurde, wurde der Antrag mit Beifügung der Unterschrift wiederholt, dieser ging beim Grundbuchamt am 19. Mai 1927 ein, es liegt also ein erster, ursprünglicher Antrag vom 11. Mai 1927, und ein zweiter, neuerlicher Antrag vom 19. Mai 1927 vor.

Der Arrestbefehl wurde also dem Gläubiger am 11. Mai 1927 zugestellt, dieser stellte beim Grundbuchamt Antrag auf Eintragung der Hypothek erstmals am 11. Mai 1927 und sodann nochmal am 19. Mai 1927, an den Schuldner ließ er sodann den Arrestbefehl am 25. Mai 1927 zustellen.

Nach § 932 Abs. 3 ZPO. gilt der Antrag auf Eintragung der Hypothek als Vollziehung des Arrestbefehls im Sinne des § 929 Abs. 2 und 3 ZPO., und es ist zu prüfen, ob die dort genannten Fristen gewahrt worden sind.

a) Nach § 929 Abs. 2 ZPO. mit § 932 Abs. 3 ZPO. ist die Vollziehung des Arrestes, hier die Antragstellung auf Eintragung der Hypothek, unstatthaft, wenn seit dem Tage, an welchem der Arrestbefehl dem Gläubiger zugestellt wurde, ein Monat verstrichen ist. Die Zustellung an Gläubiger erfolgte am 11. Mai 1927, die genannte Monatsfrist ist also auf jeden Fall gewahrt, mag als Tag der Antragstellung der 11. oder der 19. Mai 1927 angesehen werden.

b) Anders dagegen liegt die Sache bei der Wochenfrist des § 929 Abs. 3 ZPO. Hier muß die Zustellung des Arrestbefehls an den Schuldner binnen einer Woche nach Vollziehung des Arrestes, hier der Antragstellung auf Eintragung der Hypothek, erfolgen. Dem Schuldner wurde der Arrestbefehl am 25. Mai 1927 zugestellt. Wenn man mit der herrschenden Ansicht (RGZ. 85, 165; RJA. 7, 69; Sydow-Busch § 932 Anm. 2a und 8) annimmt, daß die Frist erst vom zweiten Antrag an, also mit dem 19. Mai 1927, zu laufen beginnt, ist die Frist gewahrt. Wird dagegen nach der zwar nicht herrschenden, aber auch vertretenen Ansicht angenommen, daß die Frist schon mit Stellung des ersten Antrags, also mit dem 11. Mai 1927, zu laufen beginnt, da wäre die Frist allerdings versäumt. Übrigens obliegt dem Grundbuchamt keine Pflicht, die Einhaltung dieser letzteren Frist zu prüfen, es ist zu einer solchen Prüfung auch gar nicht in der Lage, und es ist Sache des Schuldners, diese eventuelle Fristversäumnis und damit die Unwirksamkeit der Arresthypothek nach § 929 Abs. 3 ZPO. auf dem Wege der Einwendungen gegen Art und Weise der Vollstreckung nach § 766 ZPO. geltend zu machen.

2 a. Das Arresturteil des Landgerichts Bergau wurde am 9. April 1927 verkündet, dem Schuldner Leicht am 16. Mai 1927 zugestellt, Antrag auf Vollziehung durch Eintragung der Hypothek wurde am 18. Mai 1927 gestellt.

Es ist damit nicht nur die Monatsfrist des § 929 Abs. 2 mit § 932 Abs. 3 ZPO. versäumt worden, da zwischen Verkündung des Arrestbefehls und Antrag auf Eintragung der Hypothek mehr als ein Monat liegt, sondern auch die Frist des § 929, Abs. 3 mit § 932 Abs. 3 ZPO.; denn die Zustellung des Arrestbefehls an den Schuldner hätte vor Ablauf der Monatsfrist, also vor dem 10. Mai 1927 erfolgen müssen.

Des ferneren ist bei einer Arrestabwendungssumme von 450 GM. (1 GM. = Preis von $^1/_{2790}$ kg Feingold) die Wertgrenze des § 866 Abs. 3 ZPO. mit 500 GM. nicht erreicht; die Bestimmung des Art. II der zweiten Verordnung zur Durchführung der VO. zur Beschleunigung des Verfahrens in bürgerlichen Rechtsstreitigkeiten vom 27. Juni 1924 (RG.-Bl. 1924 S. 660) dahin, daß § 866 Abs. 3 ZPO. keine Anwendung finde, galt nur für Steuergoldmark- und Dollargoldmarkhypotheken, nicht aber auch für Feingoldmarkhypotheken.

Der Antrag auf Eintragung der Arresthypothek wurde daher mit Recht vom Grundbuchamt abgelehnt.

2 b. Der Kostenfestsetzungsbeschluß auf 70 RM., der auf Grund des Arrestbefehls erging, wurde am 14. Mai 1927 erlassen, am 17. Mai 1927 dem Schuldner zugestellt, am 18. Mai 1927 wurde Antrag auf Eintragung der Hypothek gestellt.

Hier ist die Wochenfrist des § 798 ZPO. nicht gewahrt, die Wertgrenze des § 866 Abs. 3 ZPO. nicht erreicht, außerdem hat der Kostenfestsetzungsbeschluß, der auf dem Arrestbefehl beruht, mit diesem seine Wirksamkeit verloren (BayZ. 1906, S. 344).

Auch dieser Antrag wurde daher mit Recht vom Grundbuchamt abgelehnt.

3. Die Eintragungen im Grundbuch haben zu lauten:

a) in Abteilung I des Grundbuchblattes Nr. 422:

Am 20. Mai 1927. Leicht, Hausbesitzer in Münchhofen, durch Erbfolge laut Testamentes vom ... Urkunde des Not. X. GRN. ... und Prot. des AG. Feldheim vom ... NR. ...

b) Angenommen, die Arrestabwendungssumme zu 550 RM. wurde von Scharf auf Pl. Nr. 986 a b (Blatt 391) auf 150 RM., auf Pl. Nr. 987 und 987½ (Blatt 411) auf 120, bzw. 80 RM. und auf Pl. Nr. 990 mit 990½ (Blatt 422) auf 200 RM. verteilt, so hat die Eintragung zu lauten:

α) in Abteilung III des Blattes 391 (bzw. 422):

Am 20. Mai 1927. Sicherungshypothek auf Grund Arrestbefehls des Amtsgerichts Münchhofen vom 10. Mai 1927 zugunsten des Kaufmanns N. Scharf in X. zur Sicherung der im Arrestbefehl bezeichneten Ansprüche bis zum Höchstbetrage von einhundertfünfzig Reichsmark (zweihundert Reichsmark) Arrestabwendungsteilsumme.	200 RM. (150 RM.)

β) in Abteilung III des Blattes 411:

Am 20. Mai 1927. Sicherungshypothek auf Grund Arrestbefehls des Amtsgerichts Münchhofen vom 10. Mai 1927 zugunsten des Kaufmanns N. Scharf in X. zur Sicherung der im Arrestbefehl bezeichneten Ansprüche, und zwar an Pl. Nr. 987 in Höhe von einhundertzwanzig Reichsmark an Pl. Nr. 987½ in Höhe von achtzig Reichsmark Arrestabwendungsteilsumme.	120 RM. 80 RM.

c) Wegen des Eintrags der Erbfolge s. DAfGBA. S. 404, Nr. 7/VI. Wegen der Arresthypothek siehe auch DAfGBA. § 430, ferner S. 378 Nr. 6/IV. Werden Grundstücke, die auf einem gemeinschaftlichen Blatte stehen, mit verschiedenen Zwangs- oder Arresthypotheken belastet, so ist nach § 227 Abs. IV DAfGBA. die Weiterführung des gemeinschaftlichen Blattes ausnahmsweise erlaubt.

III.

Die notarielle Urkunde vom 1. Mai 1927, die den Eintragungsantrag nach § 13 GBO. bereits enthielt, wurde mit Schreiben des Notariats vom 9. Mai 1927, worin um Vollzug der Urkunde ersucht wurde (s. Meikel-Imhof S. 190 Anm. a Abs. 3), im Amtsraume des Grundbuchamts am 10. Mai 1927 durch einen Notariatsbeamten übergeben. Urkunde mit Ersuchschreiben gerieten aber versehentlich in ein umfangreiches Messungsverzeichnis. Das Grundbuchamt erlangte erst am 30. Mai 1927 Kenntnis von dem Vorhandensein von Urkunde mit Ersuchschreiben, der Tag des Einlaufs konnte aber nachträglich noch festgestellt werden.

Nach § 13 GBO. soll der Zeitpunkt, in welchem ein Antrag bei dem Grundbuchamt eingeht, auf dem Antrage vermerkt werden. Maßgebend für das Datum ist also der Zeitpunkt, in welchem der Antrag beim Grundbuchamt tatsächlich *eingeht*, dort vorgelegt wird, nicht aber der Zeitpunkt, in welchem der Grundbuchbeamte von dem Antrag *Kenntnis nimmt*. Nachdem daher am 30. Mai 1927 der Tag des Einlaufs noch festgestellt werden konnte, wurde auf den Urkunden richtig das Datum vom 10. Mai 1927 vermerkt.

Der Zeitpunkt des Eingangs ist aber nach § 13 GBO. auf dem Antrage *genau* zu vermerken; daher schreibt § 32 DAfGBA. vor, daß nicht nur Tag, sondern auch Stunde und Minute des Eingangs zu vermerken ist. Es hätte daher durch Ermittlungen, insbesondere durch Einvernahme des Notariatsbeamten, der die Urkunden seinerzeit überbrachte, versucht werden sollen, mindestens die Stunde der Übergabe festzustellen und im Eingangsvermerk einzutragen.

IV.

Der Antrag auf Eigentumsübertragung der Pl. Nr. 987 und 987½ von Leicht auf Huber ist also am 10. Mai 1927, der Antrag auf Eintragung der Arresthypothek auf den gleichen Grundstücken des Leicht ist am 11. Mai 1927 beim Grundbuchamt eingelaufen. Da beide Anträge dasselbe Recht betrafen, hätte daher nach § 17 GBO. zuerst der Antrag vom 10. Mai und sodann der Antrag vom 11. Mai 1927 erledigt werden sollen; es hätten also zuerst die beiden Grundstücke von Leicht auf Huber umgeschrieben werden und hätte sodann der zweite Antrag wegen § 40 GBO. zurückgewiesen werden sollen.

Da aber das Grundbuchamt zur Zeit des Vollzuges des zweiten Antrages, nämlich am 20. Mai 1927, vom Vorhandensein des ersten Antrags noch keine Kenntnis hatte, vollzog es zuerst den zweiten Antrag, dessen Vollzug nach Lage der Sache Hindernisse nicht im Wege standen; und nachdem nunmehr die Arresthypothek auf Eigentum des Leicht schon eingetragen war, konnten des weiteren die Grundstücke nur unter Weiterbelastung der Arresthypothek auf Huber umgeschrieben werden.

§ 17 GBO. enthält trotz des Ausdruckes „kann" nur eine Ordnungsvorschrift; werden daher Eintragungen nicht nach der zeitlichen Reihenfolge der Anträge bewirkt, so sind die Eintragungen gleichwohl gültig; das Grundbuch wird also durch die Verletzung des § 17 GBO. nicht unrichtig.

Jeder wird daher die Auskunft erteilen, daß trotz des Verstoßes gegen § 17 GBO. die Arresthypothek entstanden und daß das Eigentum an den Grundstücken mit der eingetragenen Belastung auf den neuen Eigentümer übergegangen ist. Eine Berichtigung des Grundbuchs kommt, da ja das Grundbuch richtig ist, nicht in Frage. Der durch die ordnungswidrige Behandlung Benachteiligte hat gegen den durch sie Begünstigten lediglich unter Umständen einen Schadensersatz oder Bereicherungsanspruch, des ferneren hat er einen Schadensersatzanspruch gegen den Staat nach § 12 GBO.

Wäre auch die beantragte Arresthypothek zu 450 GM. auf Pl. Nr. 987 eingetragen worden, so wäre diese Eintragung, wie oben unter II, 2a ausgeführt ist, wirkungslos, das Grundbuch also unrichtig gewesen. Wie der frühere Eigentümer Leicht, so hätte der jetzige Eigentümer Huber daher Löschung dieser Hypothek im Wege der Grundbuchberichtigung nach § 22 GBO. im Wege des § 766 ZPO. beantragen können. Er hätte auch nach §§ 71 Abs. 2 mit § 54 GBO. im Wege der Beschwerde beantragen können, daß das Beschwerdegericht das Grundbuchamt anweise, einen Widerspruch gegen die Hypothek einzutragen. Endlich hätte auch das Grundbuchamt, wenn es sich von der Nichtigkeit der Hypothek und damit der Unrichtigkeit des Grundbuchs nachträglich überzeugte, einen Amtswiderspruch nach § 54 GBO. eintragen können.

V.

1. Huber lebte mit seiner Ehefrau im Güterstand der allgemeinen Gütergemeinschaft. Nach § 1438 Abs. 2 und 3 BGB. gehört zum Gesamtgut auch das Vermögen, das der Mann oder die Frau während der Gütergemeinschaft erwirbt, die einzelnen Gegenstände werden gemeinschaftlich, ohne daß es einer Übertragung durch Rechtsgeschäft bedarf. Mit dem Augenblick, in dem der Mann allein durch Auflassung und Eintragung (§§ 873, 925 BGB.) die Grundstücke erworben hat, wurden sie also Gesamtgut der beiden Ehegatten, das Grundbuch, das den Mann als Alleineigentümer ausweist, ist unrichtig. Nach § 1438 Abs. 3 BGB. konnte die Frau vom Manne die Mitwirkung zur Berichtigung des Grundbuchs verlangen. Zur Berichtigung ist erforderlich Antrag nach § 13 GBO. und Nachweis der Unrichtigkeit durch Vorlage des Ehevertrags nach §§ 22, 29 GBO. (an Stelle dieses Nachweises genügt sogar schon die Berichtigungsbewilligung des Mannes nach §§ 19, 29 GBO.), ferner ist noch erforderlich die Zustimmung der Frau nach § 22 Abs. 2 GBO.

2. Ist der Kaufpreis mit Mitteln einer der Frau angefallenen Erbschaft gezahlt worden, so wird daran nichts ge-

ändert. Denn auch die Erbschaft ist nach § 1438 Abs. 1 Satz 2 BGB. sofort Gesamtgut der beiden Eheleute geworden, im übrigen sind die Rechtsverhältnisse die gleichen wie oben unter 1.

3. Sollen in den beiden vorgenannten Fällen die beiden Grundstücke Alleineigentum eines Eheteils, hier der Frau, werden, so ist dazu Umwandlung des Gesamtgutes in Vorbehaltsgut erforderlich. Es müssen nicht nur nach § 1440 BGB. durch Ehevertrag (Form: § 1434 BGB.) die beiden Grundstücke als Vorbehaltsgut der Frau erklärt werden, sondern es ist des weiteren noch Auflassung und Eintragung der beiden Grundstücke auf Alleineigentum der Frau erforderlich. S. Planck, 1928, § 1440, Anm. 10.

4. Eine andere Beurteilung würde eintreten, wenn der Erblasser bei der Zuwendung ausdrücklich bestimmt hätte, daß die Erbschaft Vorbehaltsgut der Frau werden solle; in diesem Falle wäre die Erbschaft nach §§ 1440 Abs. 2 und 1369 BGB. allerdings in das Alleinvermögen der Frau gefallen. Auch hier wäre aber des weiteren wieder zu unterscheiden:

a) Wenn dann die F r a u aus diesen Mitteln die Grundstücke erworben hätte, so wären diese als Ersatz, Surrogat der Erbschaft nach § 1440 Abs. 2 und § 1370 BGB. ohne weiteres in das Sondergut und damit in das Alleineigentum der Frau gefallen; wären die Grundstücke trotzdem auf den Mann oder auf beide Ehegatten zu Gesamtgut eingetragen worden, so wäre das Grundbuch falsch, die Frau könnte Berichtigung des Grundbuchs verlangen, zur Sicherung ihres dinglichen Rechtes gegen die Gefahren des öffentlichen Glaubens des Grundbuchs könnte einstweilen Widerspruch nach §§ 899, 892 BGB. ins Grundbuch eingetragen werden.

b) Hätte dagegen, wie in unserm Fall, der M a n n die Grundstücke, wenn auch aus Mitteln der Erbschaft, erworben, so wären die Grundstücke trotzdem vorerst in das Gesamtgut gefallen. Denn bei unbeweglichen Sachen erhellt schon daraus, daß der Mann nicht die Frau, sondern sich in das Grundbuch eintragen läßt, die Absicht, nicht für die Frau allein, sondern, wenn nicht etwa für sich allein, so mindestens für beide Ehegatten zu Gesamtgut zu erwerben. S. Planck, 1928, § 1370 Anm. 6 und § 1381 Anm. 6a, RGRK. § 1370, Anm. 1, welche Stellen zwar von gesetzlichem Güterstand handeln, aber auf die allgemeine Gütergemeinschaft entsprechend anzuwenden sind. Die Frau hätte aber hier einen persönlichen Herausgabeanspruch gegen den Mann, dieser müßte also die Grundstücke an die Frau auflassen und auf sie umschreiben lassen, zur Sicherung dieses Anspruchs hätte die Frau das Recht auf Eintragung einer Vormerkung nach § 883 BGB.

Nr. III.

A.

Der Zahlungsbefehl (§ 692 ZPO.) ist dem Schuldner am 1. Juni 1929 zugestellt worden. Die einwöchige Frist endigt nach §§ 222 ZPO., 188 und 187 Abs. 1 BGB. mit dem 8. Juni 1929. Gläubiger konnte nach Ablauf dieser Frist, also ab 9. Juni 1929, Vollstreckungsbefehl beantragen [1]). Der Vollstreckungsbefehl muß erlassen werden, wenn nicht vor dessen Erlassung ein Widerspruch des Schuldners in Einlauf kommt (§ 694 ZPO.). Nachdem Widerspruch nicht eingelegt wurde, war auf Antrag des Gläubigers Streng Vollstreckungsbefehl zu erlassen. Aus ihm findet nach § 794 Ziff. 4 ZPO. die Zwangsvollstreckung statt. Einer Vollstreckungsklausel bedarf er nicht (§ 796 ZPO.), jedoch ist der Vollstreckungsbefehl spätestens gleichzeitig mit Beginn der Zwangsvollstreckung dem Schuldner zuzustellen (§§ 795, 750 ZPO.).

I.

1. Nach § 808 ZPO. sollen nur solche Sachen gepfändet werden, die sich im Gewahrsam des Schuldners befinden. Es sollen an sich auch nur Sachen gepfändet werden, die im Eigentum des Schuldners stehen; werden aber Sachen im Eigentum eines Dritten gepfändet, so ist die Pfändung nicht unwirksam, der Eigentümer kann lediglich Widerspruchsklage nach § 771 ZPO. erheben; wird sie nicht erhoben, so geht das Eigentum durch Zuschlag auf den Ersteher über. Auch Sachen im Eigentum des Gläubigers können auf diese Weise gepfändet und versteigert werden; ist der Gläubiger damit ausdrücklich einverstanden, und verzichtet er auf Erhebung der Widerspruchsklage, so steht

---

[1]) Wegen Erweiterung der amtsgerichtlichen Zuständigkeit beträgt die Frist nunmehr 3 Tage.

einer solchen Pfändung und Versteigerung eigener Sachen des Gläubigers nichts entgegen. S. Stein-Jonas (1926) §§ 808, Anm. I, 1; 804, Anm. II, 4; 817, Anm. IV. Ferner Baumbach (1931) § 808, Anm. 1 und § 804, Anm. 2 C.

2. Der Pfändung steht aber hier § 811, Ziff. 1 entgegen; die Schlafzimmereinrichtung ist zur Erhaltung eines angemessenen Hausstandes unentbehrlich und daher der Pfändung nicht unterworfen; der Umstand, daß die Gegenstände dem Schuldner nicht gehören, steht der Anwendbarkeit des § 811, Ziff. 1 nicht entgegen, s. Stein-Jonas, § 811, Anm. II, 3. Gegen eine trotzdem vorgenommene Pfändung sind Einwendungen nach § 766 ZPO. zulässig. Selbst wenn daher der Gläubiger mit Pfändung und Versteigerung der ihm gehörigen Sachen einverstanden wäre und Widerspruchsklage nach § 771 ZPO. nicht erheben würde, wäre der Schuldner zur Geltendmachung von Einwendungen nach § 766 ZPO. berechtigt.

3. Es liegt hier ein Kauf mit Eigentumsvorbehalt nach § 455 BGB. vor, die dem Käufer Flott übergebene Schlafzimmereinrichtung ist daher noch aufschiebend bedingtes Eigentum des Verkäufers Streng, dieser ist bei Zahlungsverzug des Flott zum Rücktritt vom Vertrage berechtigt. Zahlungsverzug ist hier, wie aus der Erlassung des Zahlungsbefehls hervorgeht, offenbar gegeben, die Rücktrittserklärung erfolgt nach § 349 BGB. durch Erklärung gegenüber dem andern Teil.

Hat Scharf den Rücktritt erklärt, so kann er von Flott die Zurückgabe der Schlafzimmereinrichtung verlangen. Scharf hat einen aus seinem Eigentum entspringenden Herausgabeanspruch gegen Flott nach § 985 BGB.

Gibt der Besitzer die Sachen nicht freiwillig heraus (zurück), so ist der Besitzer auf Herausgabe zu verklagen, auf Grund Urteils hat nach § 883 ZPO. der Gerichtsvollzieher die Sachen dem Schuldner wegzunehmen und dem Gläubiger zu übergeben.

Der Gerichtsvollzieher kann also die Schlafzimmereinrichtung erst auf Grund eines ergangenen Urteils, nicht aber ohne weiteres wegnehmen. § 229 BGB. kommt hier selbstredend nicht in Frage.

§ 811 Ziff. 1 ZPO. kommt hier auch nicht in Frage, denn hier handelt es sich nicht um Zwangsvollstreckung wegen Geldforderungen, sondern um Zwangsvollstreckung zur Erwirkung der Herausgabe von dem Eigentümer gehörigen Sachen.

II.

1. Für die Zwangsvollstreckung sind zu unterscheiden:

a) Die Wertpapiere des § 821 ZPO.; zu diesen gehören besonders die Inhaberpapiere des § 793 BGB., z. B. die Aktien, Kuxe, Hypothekenpfandbriefe, Lotterielose; es sind dies Urkunden, in welchen sich ein Recht derart verkörpert, daß die Urkunde Trägerin des Rechtes ist. Solche Wertpapiere werden wie körperliche Sachen gepfändet, also nach §§ 808 ff. ZPO. und nach § 821 ZPO. verkauft oder versteigert.

b) Die Legitimationspapiere des § 808 BGB.; bei diesen Papieren ist die Urkunde nicht Trägerin des Rechtes, sondern sie dient nur dem Ausweis des Inhabers; zu diesen gehören Pfandscheine, Versicherungsscheine und besonders Sparkassebücher. Diese Urkunden dürfen nicht wie Sachen gepfändet werden, es muß vielmehr die Forderung, die dem Papier zugrunde liegt, nach §§ 929, 935 ZPO. gepfändet und überwiesen werden; dann erst kann vom Gläubiger die Herausgabe der Urkunde im Wege der Zwangsvollstreckung nach § 836 Abs. 3 Satz 2 ZPO. erwirkt werden. Stein-Jonas, § 821, Anm. I; Baumbach, Zusatz zu § 814, Anm. 3.

2. Hier ist jedenfalls die Gemeinde Felden Drittschuldnerin. Es ist also vom Gläubiger Pfändungs- und Überweisungsbeschluß nach §§ 929, 935 ZPO. zu erwirken. Für die Herausgabe des Sparkassenbuches gilt nun folgendes: Auf jeden Fall hat nunmehr Streng gegen Flott nach § 836, Abs. 3 ZPO. einen vollstreckbaren Herausgabeanspruch nach § 883 ZPO.

a) Ist Flott im Besitz des Sparkassenbuchs, so kann es nach § 883 Abs. 1 ZPO., nötigenfalls zwangsweise, weggenommen werden.

b) Ist das Buch im Besitze eines Dritten, etwa des Landmann, und ist dieser zur Herausgabe bereit, so kann es der Gerichtsvollzieher in sinngemäßer Anwendung des § 809 ZPO. von diesem wegnehmen.

c) Ist dieser aber zur Herausgabe nicht bereit, so besteht einmal ein vollstreckbarer Herausgabeanspruch des Streng gegen Flott aus § 836 Abs. 3 ZPO. und des ferneren ein noch nicht vollstreckbarer Herausgabeanspruch des Flott gegen Landmann aus dem Eigentum des ersteren nach § 985 BGB. Es ist zwar hier nicht erforderlich, daß der Herausgabeanspruch des Flott gegen Landmann für Streng nach § 886 ZPO. in den Formen des § 829 und 835 ZPO. gepfändet und überwiesen wird; vielmehr gilt mit der erfolgten Pfändung und Überweisung der Forderung des Flott gegen die Gemeinde Felden dieser Herausgabeanspruch schon als überwiesen; da aber dieser Anspruch kein vollstreckbarer ist, muß, wenn Landmann die Herausgabe verweigert, die Herausgabe im Wege der Klage und sodann der Zwangsvollstreckung erwirkt werden. S. auch Stein-Jonas, §836, Anm. III letzter Absatz.

III.

Als unentbehrlicher Gegenstand im Sinne des § 811 Ziff. 1 ZPO. ist auch die einzige Uhr anzusehen. Eine gesetzliche Möglichkeit, eine wertvollere Uhr gegen Hingabe einer billigeren Uhr pfänden und versteigern zu lassen, gibt es nicht.

B.

I.

Da zum landwirtschaftlichen Betrieb des Schuldners nur ein Pferd erforderlich war, er aber zwei Pferde hatte, konnte eines von ihnen gepfändet werden, § 811, Ziff. 4 ZPO.

Die Pfändung ist nach § 808 Abs. 2 ZPO. durch Anlegung von Siegeln oder auf sonstige Weise erkenntlich zu machen, wenn die Sachen im Gewahrsam des Schuldners belassen werden. Kann das Siegel an der Sache selbst, besonders bei einem Tiere, hier dem Pferde, nicht befestigt werden, so genügt es, wenn die Pfandanzeige an dem Stande des Pferdes, unter Umständen auch anderweitig im Stalle oder an der Tür des Stalles angebracht wird, sie muß aber deutlich ersichtlich sein und darf über die Identität des gepfändeten Gegenstandes keinen Zweifel lassen.

Diesem letzteren Erfordernis ist durch die vom Gerichtsvollzieher vorgenommene Pfandanzeige nicht genügt; denn es ist aus ihr nicht ersichtlich, welches von den beiden Pferden gepfändet werden wollte.

Die vorgenommene Pfändung war daher von Anfang an nichtig.

II.

Das Büffet war offenbar nach § 930 BGB. übereignet worden. Von dem fremden Eigentum hatte der Gerichtsvollzieher keine Kenntnis; die Pfändung ist nach § 808 ZPO. ordnungsgemäß erfolgt. Der Eigentümer Pflug hatte lediglich das Recht, durch Erhebung der Widerspruchsklage gegen den Pfändungsgläubiger nach § 771 ZPO. die weitere Zwangsvollstreckung zu verhindern. Ausschließlich zuständig zur Erhebung der Klage ist nach §§ 771, 802 ZPO. das Gericht des Zwangsversteigerungsortes.

III.

Auch beim Ölbild ist die Pfändung ordnungsgemäß erfolgt. Späteres Abfallen des Pfandzeichens berührt die Pfändung nicht. Baumbach, § 808 Anm. 6 letzter Absatz. Durch den gutgläubigen Erwerb des Stein ist aber das Pfandrecht nach § 936 Abs. 1 und 2 BGB. erloschen, Stein hat also freies Eigentum erworben. Wohl aber hat sich Flott eines Verstrickungsbruchs nach § 137 StGB. schuldig gemacht.

C.

Die Aufgabe enthält bezüglich des Arrestes eine Anzahl von Daten, die, in zeitliche Reihenfolge geordnet, folgendes Bild ergeben:

15. Okt. 1929: der dingliche Arrestbefehl wird erlassen;

20. Okt. 1929: er wird dem Gläubiger Johann Scharf zugestellt;

22. Okt. 1929: Gläubiger, der den Arrestbefehl durch Eintragung einer Sicherungshypothek nach § 932 ZPO. vollziehen will, stellt beim Grundbuchamt Antrag auf Eintragung der Hypothek;

26. Okt. 1929: die Hypothek wird antragsgemäß auf einem Grundstück des Schuldners Andreas Scharf eingetragen;

31. Okt. 1929: Gläubiger läßt den Arrestbefehl dem Schuldner zustellen.

Nach Inhalt der Aufgabe ist anzunehmen, daß der Arrestbefehl nach §§ 916, 917, 923 ZPO. ordnungsgemäß erlassen wurde.

Für den Vollzug des Arrestbefehls sind nach § 929 ZPO. zwei Fristen von größter Bedeutung: Einmal ist nach § 929 Abs. 2 ZPO. die Vollziehung des Arrestes unstatthaft, wenn seit dem Tage, an welchem der Befehl (im Falle mündlicher Erlassung) verkündet oder (im Falle schriftlicher Erlassung) dem Gläubiger zugestellt wurde, ein Monat verstrichen ist. Ferner ist die Vollziehung des Arrestbefehls nach § 929 Abs. 3 ZPO. ohne Wirkung, wenn die Zustellung des Arrestbefehls an den Schuldner nicht innerhalb einer Woche nach der Vollziehung und vor Ablauf der für diese im vorhergehenden Absatz bestimmten Frist erfolgt.

Dabei ist zu beachten, daß bei beabsichtigtem Vollzug des Arrestbefehls durch Eintragung einer Sicherungshypothek als Vollziehung des Arrestbefehls nach § 932 Abs. 3 ZPO. nicht erst die vollzogene Eintragung der Hypothek, sondern schon der beim Grundbuch gestellte Antrag auf Eintragung der Hypothek gilt.

Der Arrestbefehl wurde nun dem Gläubiger am 20. Okt. 1929 zugestellt, Antrag auf Eintragung der Hypothek lief beim Grundbuchamt schon am 22. Okt. 1929 ein, die einmonatige Frist des § 929, Abs. 2 ZPO. ist daher reichlich gewahrt.

Dagegen ist, wie eben erwähnt, der Eintragungsantrag

beim Grundbuchamt am 22. Okt. 1929 eingelaufen, der Arrestbefehl wurde aber dem Schuldner erst am 31. Okt. 1929 zugestellt; die einwöchige Frist des § 929, Abs. 3 ZPO. ist also versäumt worden.

Die Folge ist, daß die Vollziehung des Arrestbefehls unwirksam ist. Es ist nicht etwa eine Eigentümergrundschuld entstanden, sondern ein dingliches Recht besteht überhaupt nicht, die erfolgte Eintragung ist wegen Fristversäumnis mit rückwirkender Kraft wirkungslos, nichtig, geworden.

Dadurch nun, daß eine Sicherungshypothek für Johann Scharf eingetragen wurde, eine solche aber nicht besteht, ist das Grundbuch unrichtig geworden. Der Eigentümer Andreas Scharf, dessen Eigentum zu Unrecht als belastet eingetragen ist, hat einen Anspruch auf Berichtigung des Grundbuchs nach §§ 1004 und 894 BGB.

Zur Grundbuchberichtigung ist erforderlich Antrag nach § 13 GBO. und Nachweis der Unrichtigkeit nach § 22 GBO. (§ 19 GBO. kommt hier nicht in Frage), dieser Nachweis ist nach § 29 Satz 2 GBO. durch öffentliche Urkunden zu führen.

Dieser Beweis gelingt dem Andreas Scharf sehr leicht dadurch, daß er sich auf das Tagebuch (§ 13 GBO.), nach welchem der Antrag am 22. Okt. 1929 beim Grundbuchamt eingegangen ist und auf die Zustellungsurkunde, nach der der Arrestbefehl ihm erst am 31. Okt. 1929 zugestellt wurde, beruft.

Andreas Scharf hat also Aussicht, die Löschung der Arresthypothek im Grundbuch zu erwirken.

Dagegen kann Johann Scharf auf Grund seines Arrestbefehls die Eintragung einer neuen Arresthypothek beantragen; die Frist des § 929 Abs. 3 kommt hier nicht mehr in Frage, da ja nunmehr der Arrestbefehl dem Schuldner schon zugestellt worden ist, und zur Wahrung der Frist nach § 929 Abs. 2 ZPO. steht ihm noch genügend Zeit zur Verfügung.

Nr. IV.

I.

1. Es handelt sich hier um ein Privattestament nach § 2231 Ziff. 2 BGB. Es wird dort unterschieden zwischen „Erklärung" und „Angabe des Ortes und Tages" der Errichtung. Beide müssen eigenhändig geschrieben und unterschrieben sein, widrigenfalls das Testament nach § 125 BGB. nichtig ist.

Während aber die „Erklärung" die eigentliche testamentarische Verfügung ist und der Wille des Erblassers sich unmittelbar aus dieser Erklärung ergeben muß, ist die „Angabe des Ortes und Tages", also das Datum, lediglich ein Zeugnis des Erblassers, wo und wann er seinen letzten Willen erklärt hat. Dieses Datum muß nicht unmittelbar angegeben werden; es ist also z. B. nicht die präzise Angabe: „München, am 1. März 1933" erforderlich; vielmehr kann zur Erläuterung einer undeutlichen Angabe der übrige Inhalt des Testaments herangezogen werden. Daraus folgt:

Würde zur Angabe des Ortes der Errichtung lediglich der Vordruck „Au" dienen, so wäre das ganze Testament nichtig, denn die Angabe des Ortes wäre nicht eigenhändig geschrieben und unterschrieben; im Testament steht aber des weiteren: „Da ich ... auch heute die Wohnung nicht verlassen kann, ... bestimme ich ...: Mein Sohn Adolf erhält Pl. Nr. 6 der St.-Gde. Au, Anwesen Hs.-Nr. 17 in Au, in dem ich wohne"; aus diesem selbst geschriebenen und unterschriebenen Inhalt des Testamentes geht aber der Ort der Errichtung, wenn auch nur mittelbar, so doch zweifellos hervor.

Auch fehlt die ausdrückliche unmittelbare Zeitangabe; im Testament ist aber vom Erblasser eigenhändig geschrieben und unterschrieben, daß es an seinem 50. Geburtstag errichtet worden ist; durch diese Angabe kann der Kalendertag der

Errichtung des Testaments ohne weiteres festgestellt werden; es wurde, nachdem der Erblasser am 4. Februar 1877 geboren war, am 4. Februar 1927 errichtet; die ausdrückliche Angabe des Geburtstages im Testament war einerseits unnötig, da dieser auch ohnedies ohne weiteres festgestellt werden kann, anderseits könnte sie, wenn sie von Belang wäre, dem Testament keine Gültigkeit verschaffen, weil sie unter, nicht über der Namensunterschrift steht.

Die Form des § 2231 Ziff. 2 BGB. ist also gewahrt; der Erblasser war volljährig und damit nach § 2247 BGB. testamentfähig; das Testament ist daher rechtsgültig.

2. Der Erblasser hat im Testament über sein ganzes Vermögen verfügt, bestimmte Erben sind aber nicht bezeichnet. Nach § 133 BGB. ist der wahre Wille des Erblassers zu erforschen, dabei sind für die Auslegung des Testamentes die Auslegungsregeln der §§ 2087 ff. BGB. zu beachten. Es bestehen nun drei Möglichkeiten der Auslegung:

a) Der Erblasser wollte seine vier Kinder zu gleichen Teilen als Erben einsetzen, dabei sollten Adolf und Marie ein Vorausvermächtnis nach § 2150 BGB. erhalten.

b) Der Erblasser wollte seine vier Kinder zu gleichen Teilen als Erben einsetzen, das Testament sollte aber des weiteren eine teilweise Teilungsanordnung nach § 2048 BGB. enthalten.

c) Nur Johann und Ernst sollten Erben zu gleichen Teilen werden, Adolf und Marie sollten nur ein Vermächtnis erhalten (§§ 1937, 1939 BGB.).

Nachdem der Erblasser mit seinen Kindern Adolf und Marie schlecht stand, ist ersterer Wille des Erblassers sicher nicht anzunehmen; aber auch die zweite Auslegung nicht, denn Voraussetzung hiefür wäre auch hier die Einsetzung auch dieser beiden Kinder zu Miterben, was offenbar nicht gewollt ist. Der Erblasser wollte jedenfalls nur Johann und Ernst zu Erben einsetzen, Adolf sollte nur das Haus im Werte von 4000 RM., und Marie sollte nur 10000 RM. in Geld als Vermächtnis erhalten.

II.

1. Johann und Ernst Schneider sind also auf Grund Privattestaments Erben zu gleichen Teilen geworden.

Das Nachlaßgericht hat in Bayern nicht nur auf Grund §§ 2260 ff. BGB. das Testament von Amts wegen zu eröffnen, sondern auch noch nach Art. 3 NachlGes. die Erben von Amts wegen zu ermitteln.

Gehören zum Nachlaß Grundstücke oder sonstige Grundbuchrechte, sind mehrere Erben vorhanden und wird erklärt, daß eine Auseinandersetzung nicht stattfinden soll, so steht nach § 67 Abs. 2 und § 68 Abs. 2 Nachlaßordnung den Erben frei, die Eintragung der Erbengemeinschaft in das Grundbuch zu beantragen und dies vor dem Nachlaßgerichte zu erklären.

Die Berichtigung kann nun im Grundbuch nach § 36 GBO. regelmäßig nur dann stattfinden, wenn der Nachweis der Erbfolge durch einen Erbschein geführt ist; nur wenn die Erbfolge auf einer Verfügung von Todes wegen (Testament oder Erbvertrag) beruht, und diese in einer öffentlichen Urkunde enthalten ist, genügt es ausnahmsweise, wenn an Stelle des Erbscheins diese Verfügung und das Eröffnungsprotokoll des Nachlaßgerichtes (§§ 2260 ff. BGB.) vorgelegt wird.

Stellen daher die Erben vor dem Nachlaßgericht Antrag auf Umschreibung im Grundbuch, so kommt es darauf an: Beruht die Erbfolge auf einer Verfügung von Todes wegen, die in einer öffentlichen Urkunde enthalten ist, so hat das Nachlaßgericht einfach den Nachlaßakt, in dem diese Verfügung und das Eröffnungsprotokoll enthalten sind, an das Grundbuchamt zu leiten. Beruht dagegen die Erbfolge auf gesetzlicher Erbfolge oder auf einem Privattestament, so hat nach § 68 Abs. 2 der Nachlaßordnung vom 20. März 1903 das Nachlaßgericht die Erben zu veranlassen, die Erteilung eines Erbscheins zu beantragen; erst nach dessen Erteilung hat es dann den Umschreibungs-Berichtigungsantrag dem Grundbuchamt zuzuleiten.

Hier liegt nun ein Privattestament vor.

Das Nachlaßgericht hat also darin gefehlt, daß es die Miterben bei ihrer Antragstellung auf Grundbuchberichtigung nicht veranlaßt hat, zugleich die Ausstellung eines Erbscheins zu beantragen. Und das Grundbuchamt hat darin gefehlt, daß es im Grundbuch die Erben eingetragen hat, ohne daß der Nachweis der Rechtsnachfolge durch einen Erbschein geführt worden ist.

Nimmt nun das Grundbuchamt unter Verletzung gesetzlicher Vorschriften eine Eintragung vor, und wird durch sie das Grundbuch unrichtig, so ist nach § 54 GBO. von Amts wegen ein Widerspruch einzutragen. Die gesetzliche Vorschrift des § 36 GBO. ist zwar hier durch die Eintragung verletzt worden, das Grundbuch ist aber nicht unrichtig geworden, da tatsächlich Johann und Ernst Schneider, auf die das Grundbuch berichtigt wurde, Erben und damit Eigentümer geworden sind. Die Eintragung eines Amtswiderspruchs kommt daher nicht in Frage.

Es hätten aber nicht die beiden als „Miteigentümer in Erbengemeinschaft“, sondern es hätte nach §§ 269, 353 ff. und Seite 404 Ziff. 8/VIII DAfGBA. eingetragen werden sollen: „Johann Schneider und Ernst Schneider in Erbengemeinschaft durch Erbfolge“. Es handelt sich aber hier um keinen unrichtigen, sondern nur um einen nicht ordnungsgemäßen Eintrag, der von Amts wegen ergänzt werden konnte.

2. Es wurden nun aber nur die Pl. Nr. 1 bis 5 auf die beiden Erben, Pl. Nr. 6 aber wurde gleich auf Adolf Schneider umschrieben, wobei für dieses Grundstück unter Abschreibung vom alten Blatte ein neues Blatt angelegt wurde.

Wäre Adolf Schneider sofort Eigentümer geworden, so wäre allerdings die Übertragung des Grundstücks auf ein neues Blatt nach § 4 GBO., § 227 DAfGBA. in Ordnung gewesen.

Nun ist aber Adolf Schneider keineswegs schon Eigentümer von Pl. Nr. 6 geworden; er war lediglich Vermächtnisnehmer, er hatte also gegen die Erben, die Eigentümer auch dieses Grundstücks geworden waren, nach § 2174 BGB. lediglich einen persönlichen Anspruch, eine Forderung auf übereignung dieses Grundstückes. Die beiden Miterben waren also verpflichtet, dieses Grundstück an Albert Schneider aufzulassen, und erst durch Auflassung und Eintragung nach §§ 873, 925 BGB. konnte dieses Grundstück auf ihn zu Eigentum übertragen werden.

Hier hat das Grundbuchamt unter Verletzung gesetzlicher Vorschriften, nämlich unter Umgehung der Auflassung, die Eintragung vorgenommen, und durch sie ist das Grundbuch falsch geworden, denn nicht Adolf Schneider ist Eigentümer, sondern dies sind noch Johann und Ernst in Erbengemeinschaft. Es war daher ein Amtswiderspruch nach § 54 GBO. einzutragen.

III.

Hat ein Gläubiger gegen einen Schuldner eine Geldforderung, so kann Gläubiger nach deren Fälligkeit den Schuldner auf Zahlung verklagen, auf Grund Urteils kann er sodann wegen der Geldforderung Zwangsvollstreckung in beliebiges Vermögen des Schuldners betreiben; will Gläubiger mit Zwangsvollstreckung gegen Grundstücke durch Eintragung einer Sicherungshypothek nach § 866 ZPO. vorgehen und will er die Hypothek auf mehreren Grundstücken des Schuldners eintragen lassen, so ist nach § 867 Abs. 2 ZPO. der Betrag der Forderung auf die einzelnen Grundstücke zu verteilen. Nachdem gegen zwei Grundstücke des Schuldners vorgegangen werden soll und eine Verteilung nicht erfolgt ist, hat das Grundbuchamt offenbar in der Annahme, es handle sich um eine Vollstreckung nach § 866 ZPO. und daher mit Rücksicht auf diesen § 867 Abs. 2 ZPO. den Antrag abgelehnt.

Hier liegt nun aber ein ganz anderer Tatbestand vor. Der Bauhandwerker Schmieling hat gegen den Unternehmer des Bauwerkes Schneider für Bauarbeiten an Pl. Nr. 7 und 8 eine Forderung in Höhe von 900 RM. erworben. Für diese Forderung kann Schmieling von Schneider nach § 648 BGB. ohne weiteres, also kraft Gesetzes, die Einräumung einer Sicherungshypothek an Pl. Nr. 7 und 8 verlangen. Schmieling hat also zur Sicherung seiner Forderung, für die ein Vollstreckungstitel gar nicht vorliegt, einen Anspruch auf Einräumung einer Sicherungshypothek, Schneider ist verpflichtet, ist schuldig, eine solche Hypothek zu bestellen. Wird diese Hypothek nicht freiwillig bestellt, so kann der Gläubiger den Schuldner auf Bestellung der Hypothek verklagen. Zur vorläufigen Sicherung des Anspruchs auf diese Hypothekbestellung kann aber auch nach § 883 BGB. die Eintragung einer Vormerkung in das Grundbuch verlangt werden, diese Eintragung kann nach § 885 BGB. auch auf Grund einer einstweiligen Verfügung erfolgen. Schmieling hat eine solche einstweilige Verfügung erwirkt, auf Grund dieser will er seinen Anspruch auf Einräumung der Hypothek vormerken lassen. Kann die Eintragung der Vormerkung erfolgen, so ist sie auf beiden Grundstücken einzutragen, eine dem § 867 ZPO. entsprechende Verteilung kommt in keiner Weise in Frage. Von diesem Gesichtspunkte aus wurde daher der Antrag des Schmieling zu Unrecht vom Grundbuchamt abgewiesen.

Die Abweisung ist aber aus einem anderen Grund gerechtfertigt. Auf die Anordnung einstweiliger Verfügungen und das weitere Verfahren finden nach § 936 ZPO. die Vorschriften über Arreste entsprechende Anwendung. Nach § 929 Abs. 2 mit § 932, Abs. 3 ZPO. ist die Vollziehung des Arrestbefehls (und damit der einstweiligen Verfügung) unstatthaft, wenn seit dem Tage, an welchem der Befehl (oder die einstweilige Verfügung) dem Gläubiger zugestellt wurde, ein Monat verstrichen ist. Die einstweilige Verfügung wurde nun dem Gläubiger Schmieling schon am 4. Mai 1928 zugestellt, dieser hat aber erst am 6. Juli 1928 beim Grundbuchamt Antrag auf Eintragung der Vormerkung gestellt, was nach § 932 Abs. 3 ZPO. als Vollziehung der einstweiligen Verfügung gilt. Die Frist war als schon längst verstrichen, der Antrag hätte aus § 929 Abs. 2 ZPO. nach § 18 GBO. zurückgewiesen werden sollen.

IV.

Es handelt sich hier um zwei vollkommen verschiedene Vollstreckungsarten.

1. Wie schon unter III erwähnt, hatte Schmieling gegen Schneider nach § 648 BGB. kraft Gesetzes einen persönlichen Anspruch auf Einräumung einer Sicherungshypothek an Pl. Nr. 7 und 8, Schneider war also dem Schmieling gegenüber verpflichtet, diese Hypothek zu bestellen. Entweder erfüllt der Schuldner seine Verpflichtung freiwillig, dazu ist materiell-rechtlich erforderlich Einigung und Eintragung nach § 873 BGB., formell ist zur Eintragung genügend Antrag nach § 13 GBO. und Eintragungseinwilligung nach § 19 in der Form des § 29 GBO. Oder der Schuldner verweigert die freiwillige Erfüllung; dann kann der Gläubiger nach seinem Belieben entweder seinen Anspruch auf Hypothekeintragung vorläufig dadurch sichern, daß er nach §§ 883, 885 BGB. durch einstweilige Verfügung eine Vormerkung eintragen läßt, oder er kann den Schuldner gleich endgültig auf Eintragung der Hypothek verklagen; erforderlich und genügend ist, entsprechend dem § 19 GBO. Klage auf Eintragungsbewilligung der Hypothek; wie sich aus dem Tenor des Endurteils vom 10. Juli 1928 ergibt, ist die Klage jedenfalls in dieser Weise richtig gestellt worden. Bei der Vollstreckung dieses Urteils handelt es sich um die Zwangsvollstreckung zur Erwirkung von Handlungen, hier zur Abgabe von Willenserklärungen im Sinne des 3. Abschnittes des 8. Buches der ZPO. Mit Rechtskraft des Urteils gilt nach § 894 die Willenserklärung als abgegeben, das Urteil ersetzt also die Eintragungsbewilligung des § 19 GBO. Die übrigen Voraussetzungen der Zwangsvollstreckung sind hier gegeben (§§ 724, 725, 750 ZPO). Stellt nunmehr Schmieling auf Grund des vorgelegten Urteils Antrag auf Eintragung der Sicherungshypothek nach § 13 GBO., so ist die Hypothek einzutragen; eine Verteilung der Forderung auf die einzelnen Grundstücke kommt, wie schon unter III ausgeführt, nicht in Frage.

2. Im zweiten Fall handelt es sich um eine gewöhnliche Geldforderung, bei der Johann und Ernst Schneider Gesamtschuldner nach § 421 BGB. sind. Es konnte daher auch das Urteil vom 14. Juli 1928 gegen beide ergehen. Bei der Zwangsvollstreckung aus diesem Urteil handelt es sich um

eine solche im Sinne des zweiten Abschnittes des 8. Buches der ZPO. Auch hier sind die allgemeinen Voraussetzungen der Zwangsvollstreckung erfüllt, es konnte also die Eintragung einer Sicherungshypothek nach § 866 ZPO. beantragt werden. Es konnte die Hypothek im vollen Betrage von 2000 RM. sowohl auf Pl. Nr. 8 des Johann Schneider wie auf Pl. Nr. 11 des Ernst Schneider beantragt und eingetragen werden, denn eine Verteilung der Forderung auf mehrere Grundstücke nach § 867 Abs. 2 ZPO. ist nur dann erforderlich, wenn es sich um mehrere Grundstücke desselben Schuldners handelt.

3. Dem ersten Antrag des Schmieling entsprechend hätte daher auf Pl. Nr. 7 und 8 des Johann Schneider eine Gesamthypothek zu 700 RM. und dem zweiten Antrag entsprechend auf Pl. Nr. 8 des Johann Schneider und Pl. Nr. 11 des Ernst Schneider eine Gesamthypothek zu 2000 RM. eingetragen werden können; nachdem beide Anträge zu gleicher Zeit eingelaufen sind, hätten die beiden Hypotheken auf Pl. Nr. 8 im Gleichrang (Meikel-Imhof § 17, Anm. 2, c) eingetragen werden sollen, das Rangverhältnis hätte nach § 46 GBO. vermerkt werden müssen; s. auch § 879 BGB.

Die darauf bezügliche Auskunft des Grundbuchbeamten war daher nicht richtig; falsch war auch die Auskunft dahin, daß, wenn wirklich Teilung vorgenommen werden muß, die einzelnen Teilbeträge 500 RM. übersteigen müßten; Meikel-Imhof, S. 253.

V.

1. Ein Miterbe kann allerdings über seinen Anteil am gesamten Nachlasse verfügen (§ 2033 Abs. 1 Satz 1), er kann also den Anteil nicht nur veräußern, sondern er kann ihn auch verpfänden; ein solcher Vertrag bedarf aber zu seiner Gültigkeit nach § 2033 Abs. 1 Satz 2 BGB. der gerichtlichen oder notariellen Beurkundung (in Bayern ist auf Grund Art. 141 EG. z. BGB. und Art. 167 AG. z. BGB. nur der Notar zuständig), es muß also die Erklärung beider Teile (§ 128 BGB.) beurkundet sein. Hier liegt aber ledig-

lich eine notarielle Beglaubigung der Unterschrift des Johann Schneider im Sinne des § 129 BGB. vor, ein gültiger Verpfändungsvertrag liegt also nicht vor (§ 125 BGB.).

2. Wird ein Erbteil am Nachlaß verpfändet, und gehört zum Nachlaß ein Grundstück, so kann die Verpfändung des Erbteils im Wege der Grundbuchberichtigung in das Grundbuch eingetragen werden (Meikel-Imhof, § 22, Anm. 9, c); dieser Grundbuchberichtigung würde hier § 40 GBO. nicht im Wege stehen, da die Grundstücke vom Erblasser Christoph Schneider auf Johann und Ernst Schneider in Erbengemeinschaft schon umgeschrieben worden sind. Nun liegt aber hier eine rechtsgültige Verpfändung des Erbteils gar nicht vor, eine Berichtigung des Grundbuchs ist daher weder veranlaßt noch möglich. Der Antrag auf Eintragung der Pfändung hätte daher zurückgewiesen werden sollen, und gerade dadurch, daß die Pfändung trotzdem eingetragen wurde, ist das Grundbuch unrichtig geworden. Nachdem das Grundbuchamt sodann zur Erkenntnis gekommen war, daß die Eintragung der Verpfändung zu Unrecht erfolgt war, hätte es nach § 54 Abs. 1 Satz 1 GBO. gegen die Pfändung einen Amtswiderspruch eintragen sollen, die Löschung der Pfändung von Amts wegen war wiederum falsch, da es sich hier nicht um eine nach ihrem Inhalt unzulässige Eintragung im Sinne des § 54 Abs. 1 Satz 2 GBO. handelt, im übrigen aber Berichtigungen von Amts wegen nicht vorgenommen werden dürfen.

VI.

Es erscheint zweckmäßig, den Buchungsantrag in seinen beiden Teilen getrennt zu betrachten.

1. Antrag auf Eintragung der Buchhypothek auf Pl. Nr. 12.

Nach Inhalt der Aufgabe ist anzunehmen, daß die formellen Voraussetzungen für die Eintragung der Buchhypothek (Eintragungsantrag nach § 13 GBO., Eintragungsbewilligung nach § 19 GBO. in der Form des § 29 GBO.) vorliegen. An sich konnte also die Hypothek eingetragen werden. Die Eintragung leidet aber an folgenden Mängeln:

a) Über die Grundstücke Pl. Nr. 11 und 12 des Eigentümers Ernst Schneider war bisher auf Grund des § 4 GBO. ein gemeinschaftliches Grundbuchblatt geführt worden; nach der eben genannten Bestimmung soll ein solches gemeinschaftliches Blatt für denselben Eigentümer nur solange geführt werden, als hiervon Verwirrung nicht zu besorgen ist; Verwirrung ist nach § 219 DAfGBA. dann nicht zu besorgen, wenn die mehreren Grundstücke entweder frei von Hypotheken, Grundschulden oder Rentenschulden oder mit den nämlichen Hypotheken, Grundschulden oder Rentenschulden belastet sind. Soll daher ein oder sollen mehrere von solchen auf einem gemeinschaftlichen Blatt vorgetragenen Grundstücke nunmehr gesondert belastet werden, so sind diese Grundstücke nach § 227 Abs. III DAfGBA. vom bisherigen Blatt abzuschreiben und auf ein anderes Blatt zu übertragen (eine Ausnahme besteht nach §§ 227 Abs. IV und 429 DAfGBA. lediglich für die Zwangs- und Arresthypotheken). Nachdem daher Pl. Nr. 12 hätte gesondert mit Hypothek belastet werden sollen, hätte sie vom bisherigen Blatte abgeschrieben und auf ein anderes Blatt übertragen werden sollen.

b) Nach Reichsrecht sind die Hypotheken im Zweifel Briefhypotheken; soll eine Buchhypothek bestellt werden, so muß nach § 1116 Abs. 2 BGB. nicht nur bei der Bestellung die Erteilung des Briefes ausdrücklich ausgeschlossen werden, sondern es muß auch die Hypothek als Hypothek ohne Brief, und mithin als Buchhypothek, eingetragen werden; s. auch DAfGBA. § 401 Ziff. 5 und § 413. Die Nichteintragung der dinglichen Unterwerfung unter die sofortige Zwangsvollstreckung verstößt gegen die Vorschrift des § 800 Abs. 1 Satz 2 ZPO., s. auch DAfGBA. § 401 Ziff. 3. Als formeller Mangel ist noch nachzutragen, daß der Zinssatz nach § 409 Abs. II DAfGBA. auch mit Buchstaben im Grundbuch hätte eingetragen werden sollen.

2. Antrag auf Eintragung der Buchhypothek am Erbanteil an Pl. Nr. 1.

Der Nachlaß des Christoph Schneider und damit die diesen Nachlaß bildenden Gegenstände, also auch das Grundstück Pl. Nr. 1, sind im Erbwege auf Johann und Ernst Schneider zu gleichen Teilen übergegangen. Ernst Schneider hat daher einen Erbanteil nicht nur am Gesamtnachlasse, sondern auch an den einzelnen zum Nachlasse gehörenden Gegenständen, also auch an Pl. Nr. 1.

Bei Mehrheit von Erben ist nun zwischen dem Anteil des einzelnen Miterben am Nachlaß und den einzelnen dazu gehörenden Gegenständen scharf zu scheiden.

Jeder Miterbe kann zwar über seinen Anteil am Nachlasse verfügen, ihn also auch verpfänden, § 2033 Abs. 1 BGB. Dagegen kann der Miterbe über seinen Anteil an den einzelnen Nachlaßgegenständen nicht verfügen, er kann ihn also auch nicht verpfänden. § 2033 Abs. 2 BGB.

Und da nun die Pl. Nr. 1 einen solchen Nachlaßgegenstand bildet, kann Ernst Schneider seinen Anteil daran nicht mit einer Hypothek belasten.

Das Grundbuchamt hat daher den Antrag des Ernst Schneider mit Recht zurückgewiesen, allerdings mit nicht ganz richtiger Begründung; abgewiesen mußte werden, weil Ernst Schneider seinen Anteil am Grundstücke mit Hypothek belasten wollte; dagegen wäre nichts im Wege gestanden, das ganze Grundstück mit der Hypothek zu belasten, nur hätten dann die beiden Miterben Ernst und Johann Schneider als Gesamthandseigentümer nach § 2040 BGB. das Grundstück gemeinschaftlich mit der Hypothek belasten müssen.

3. Werden mehrere Eintragungen beantragt, so kann nach § 16 Abs. 2 GBO. vom Antragsteller bestimmt werden, daß die eine Eintragung nicht ohne die andere erfolgen soll. Diese Bestimmung braucht nicht ausdrücklich erklärt zu werden, sie kann sich auch stillschweigend aus den rechtlichen und wirtschaftlichen Umständen ergeben (Meikel-Imhof, § 16, Anm. 5, b, β und Krech, § 16 Anm. 5). Ein solcher stillschweigender Vorbehalt ist hier wohl nicht anzunehmen, denn die Hypothekbestellung sollte jedenfalls vollzogen werden, soweit sie überhaupt zulässig war. Das Grundbuchamt hat daher mit Recht den Antrag teilweise vollzogen, teilweise zurückgewiesen.

4. Beizufügen ist noch: Schneider selbst hat zwar den Buchungsantrag nicht gestellt, sondern das Notariat Velden. Nachdem aber dieses Notariat die Erklärung des Schneider beurkundet hat, gilt es nach § 15 GBO. als ermächtigt, im Namen des Antragsberechtigten Schneider (er ist nach § 13 Abs. 2 GBO. als der Betroffene antragsberechtigt) die Eintragung zu beantragen. Antrag im Sinne des § 13 GBO. liegt also vor.

VII.

1. Kaufvertrag und Auflassung wurden vor dem Notariat Waslingen beurkundet. Dessen Zuständigkeit zur Beurkundung des Kaufvertrags folgt aus § 313 BGB., Art. 141 EG. z. BGB. und Art. 167 AG. z. BGB., dessen Zuständigkeit zur Beurkundung der Auflassung folgt aus § 925 BGB., Art. 143 EG. z. BGB. und Art. 81 AG. z. BGB. Die Sollvorschrift des § 98 GBO. mit Art. 12 AG. z. GBO. ist beachtet.

Veräußererin war die noch minderjährige Marie Schneider, Erwerber war Hans Schöner. Beide sind nun aber nicht selbst in der Urkunde aufgetreten, vielmehr wurde erstere von ihrem Vormund Schmidt und wurde letzterer von Ludwig Arnold vertreten.

2. Der Vormund ist zur Vertretung des Mündels nach § 1793 BGB. berechtigt; die Vertretungsmacht hat das Grundbuchamt zu prüfen, ein Nachweis war wohl deshalb nicht erforderlich, weil sie ihm offenkundig war (§ 29 Satz 2 GBO.).

Die Wirksamkeit der Auflassungserklärung des Vormunds hängt nun aber noch von drei weiteren Erfordernissen ab:

a) Die Erklärung des Vormunds bedarf der Genehmigung des Vormundschaftsgerichtes; § 1822 Ziff. 1;

b) Das Vormundschaftsgericht muß diese Genehmigung dem Vormund gegenüber erklären; § 1828 BGB.;

c) Nachdem es sich hier um eine nachträgliche Genehmigung nach § 1829 BGB. (im Gegensatz zur vorherigen Genehmigung des § 1821 BGB.) handelt, muß der Vormund diese Genehmigung dem andern Teile, also dem Erwerber, nach § 1829 Abs. 1 Satz 2 mitteilen.

Nur wenn diese drei weiteren Erklärungen vorliegen, ist die Auflassungserklärung des Vormunds rechtswirksam, und nachdem daher auch diese Erklärungen zur Eintragung des Erwerbers in das Grundbuch erforderlich sind, sind sie dem Grundbuchamt nach § 29 in einer der dort genannten drei Formen nachzuweisen.

Zu a) Die Genehmigung des Vormundschaftsgerichtes ist dem Grundbuchamt durch den Vermerk vom 7. Dezember 1927, der die Eigenschaft einer öffentlichen Urkunde hat, nachgewiesen.

Zu b. Bezüglich der Erklärung nach § 1828 BGB. liegt aber ein Nachweis nicht vor. In der Zurückleitung der Urkunde durch das Vormundschaftsgericht an das Notariat unterm 7. Dezember 1927 kann eine solche Erklärung nicht erblickt werden, da das Notariat keinerlei Vollmacht besitzt, diese Erklärung für den Vormund entgegenzunehmen. Ebensowenig darin, daß das Vormundschaftsgericht seine Genehmigung am 3. Januar 1928 dem Erwerber Schörner mit eingeschriebenem Briefe bekannt gab; man könnte hier daran denken, daß, nachdem der Vormund am 11. Dezember 1927 seines Amtes enthoben worden war, das Vormundschaftsgericht die Genehmigung einer Ersatzperson gegenüber nach § 1846 BGB. hätte erklären wollen; diese Wirkung kann aber der Bekanntgabe nicht zuerkannt werden, denn das Vormundschaftsgericht hätte dann zum mindesten einen Pfleger nach § 1909 BGB. aufstellen und diesem gegenüber die Genehmigung erklären müssen. Die Erklärung der Genehmigung nach § 1828 BGB. ist daher dem Grundbuchamt nicht nur nicht in einer der Formen des § 29 GBO. nachgewiesen, sondern es steht im Gegenteil hier fest, daß die Genehmigung dem Vormund gegenüber überhaupt nicht erklärt wurde.

Zu c. Das gleiche ist der Fall bei der Mitteilung nach § 1829 Abs. 1 Satz 2; die Mitteilung ist nicht erfolgt und konnte auch gar nicht erfolgen, da ja zu dieser Zeit ein Vormund gar nicht mehr vorhanden war.

Die Auflassung (wie übrigens auch der Kaufvertrag) war also noch in der Schwebe, und da das Grundbuchamt nach § 20 GBO. das Eigentum auf den Erwerber nur auf Grund rechtswirksamer Auflassung umschreiben darf, hätte die Urkunde nicht vollzogen werden dürfen.

Beigefügt mag werden, daß die hier vorhandenen Schwierigkeiten regelmäßig dadurch umgangen werden, daß bei Gelegenheit der notariellen Beurkundung ein Notariatsbeamter vom Vormund und dem Vertragsgegner bevollmächtigt wird, die vormundschaftliche Genehmigung entgegenzunehmen, sie dem Vertragsgegner mitzuteilen und diese Mitteilung in Empfang zu nehmen; s. Mitteilungen des BayNotVereins, 1929, S. 149 ff.

3. Ähnlich liegen die Verhältnisse beim Erwerber. Arnold hat ohne Vollmacht für Schörner gehandelt. Diese Erklärung wird erst wirksam, wenn sie nach § 177 von Schörner genehmigt und nach § 182 Abs. 1 BGB. die Genehmigung dem Arnold oder dem Vertragsgegner gegenüber erklärt ist; daß dies geschehen, ist dem Grundbuchamt nach § 29 GBO. in einer der dort genannten Formen nachzuweisen. Nun hat zwar Schörner vor dem Notariat Waslingen erklärt, er genehmige die von Arnold abgegebenen Erklärungen; diese Erklärung ist aber an die falsche Adresse gerichtet, nachdem das Notariat keine Vollmacht hatte, diese Mitteilung in Empfang zu nehmen. Auch aus diesem Grunde ist also die Urkunde vom 10. November 1927 und insbesondere die für den Eigentumsübergang notwendige Auflassung noch nicht wirksam, das Grundbuchamt hätte daher auch aus diesem Grunde die Umschreibung noch nicht eintragen dürfen.

4. Dadurch, daß trotzdem die Pl. Nr. 14 von Schneider auf Schörner umschrieben wurde, ist das Grundbuch unrichtig geworden. Denn nach §§ 873, 925 BGB. ist zur Eigentumsübertragung Einigung in Form der Auflassung und Eintragung erforderlich, eine rechtsgültige Auflassung liegt aber noch nicht vor.

Das Vormundschaftsgericht hat übrigens auch dadurch gegen eine Ordnungsvorschrift verstoßen, daß es das über

18 Jahre alte Mündel nicht nach § 1827 Abs. 2 BGB. gehört hat.

Die Mängel der Urkunde vom 10. November 1927 konnten nachträglich dadurch geheilt werden, daß das inzwischen volljährig gewordene Mündel seine Genehmigung an Stelle des Vormundschaftsgerichtes nach § 1829 Abs. 3 BGB. erteilte, und daß auch Schörner seine Genehmigung in richtiger Weise abgab. Dadurch wäre dann das bisher unrichtige Grundbuch richtig geworden, denn es ist im Gesetze nicht vorgeschrieben, daß die rechtswirksame Einigung der Eintragung zeitlich vorangehen muß (RGRK. § 873 Anm. 7 c und § 925 Anm. 13.

5. Das Vormundschaftsgericht hätte den Vormund auf Grund einer anonymen Anzeige nicht ohne weiteres seines Amtes entheben, sondern zuvor Ermittlungen, mindestens durch persönliche Einvernahme des Vormunds von Amts wegen, pflegen sollen. Eine sittliche Verfehlung des Vormundes rechtfertigt nach § 1886 BGB. dessen Entlassung.

Der am 8. Dezember 1927 ergangene Entlassungsbeschluß wurde dem Vormund am 11. Dezember 1927 zugestellt, damit erst ist er nach § 16 FGG. wirksam geworden. Der Vormund konnte nach § 60 Ziff. 3 FGG. Beschwerde einlegen, mit Aufhebung des Beschlusses des Vormundschaftsgerichtes wurde der Vormund, nachdem inzwischen kein neuer Vormund aufgestellt worden war, ohne weiteres wieder in sein Amt eingesetzt.

Nr. V.

I a.

Der Tatbestand ist der: Franz und Katharina Alt waren Miteigentümer der Pl. Nr. 25 zu je 1/2 Bruchteilen und als solche im Grundbuch eingetragen. Katharina Alt wurde von Franz Alt allein beerbt, deren Miteigentumsanteil ist daher auf Franz Alt übergegangen und ist dieser damit Alleineigentümer des Grundstückes geworden, das Grundbuch ist aber noch nicht berichtigt. Franz Alt hat das Eigentum an dem halben Grundstücksanteil an seine Tochter Marie Alt aufgelassen, es sollte aber einstweilen nur eine Vormerkung nach § 883 BGB. eingetragen werden.

Das Grundbuchamt hat die Eintragung der Vormerkung aus verschiedenen Gründen abgelehnt, die einzeln betrachtet werden sollen.

1. Im Grundbuch seien noch die Eheleute Alt, nicht aber Franz Alt allein eingetragen; zunächst müsse die Erbfolge eingetragen werden, zu deren Nachweis es eines Erbscheines bedürfe. Dazu ist folgendes zu sagen:

a) Der Alleineigentümer kann einen Bruchteil seines Eigentums nach Belieben veräußern und damit einen andern zum Miteigentümer machen; es ist anzunehmen, daß Franz Alt jenen Bruchteil veräußern wollte, der auf ihn im Grundbuch eingetragen ist.

Wäre auf Grund der Auflassung s o f o r t die U m s c h r e i b u n g d i e s e s Anteils auf Marie Alt beantragt worden, so kämen §§ 40, 41 GBO., auf die das Grundbuchamt offenbar seine Beanstandung stützt, gar nicht in Frage: denn dieser Bruchteil ist ja im Grundbuch auf Franz Alt vorgetragen, der durch die Auflassung Betroffene ist also als der Berechtigte eingetragen. Die Umschreibung dieses Anteils könnte daher ohne weiteres erfolgen. Was aber für die Eintragung des Eigentumswechsels gilt, muß in gleicher Weise auch für die Eintragung der Vormerkung gelten.

b) Hätte dagegen Franz Alt den noch auf seine Frau eingetragenen Miteigentumsanteil auflassen wollen, so wäre hier allerdings zu unterscheiden: wäre sofortige Umschreibung auf Marie Alt beantragt gewesen, so hätte nach § 41 GBO., der eine Ausnahme von der Regel des § 40 GBO. bildet, auch hier die sofortige Umschreibung auf Marie Alt ohne vorherige Berichtigung des Grundbuchs auf Franz Alt erfolgen können. Nachdem aber lediglich die Eintragung einer Vormerkung beantragt war, hätte zuerst der 1/2 Miteigentumsanteil der Katharina Alt auf Franz Alt berichtigt und hätte dann erst die Vormerkung für Marie Alt eingetragen werden sollen. S. Meikel-Imhof, § 41 Anm. 6 a; Güthe-Triebel, § 41 Anm. 13.

In beiden Fällen wäre übrigens der Nachweis der Erbfolge durch Erbschein nicht notwendig gewesen; denn nach § 36 GBO. ist, wie hier, der Nachweis durch Erbschein nicht nötig, da die Erbfolge auf einem notariellen Testament beruhte, dieses vor dem Nachlaßgericht eröffnet und hierüber ein Protokoll aufgenommen worden war; es hätte also auch die Vorlage von Testament und Eröffnungsprotokoll zum Nachweis der Erbfolge genügt.

2. Die Verfügung des Franz Alt stelle sich als eine Schenkung von Todes wegen dar, auf die die nicht erfüllten Formvorschriften über die letztwilligen Verfügungen Anwendung fänden.

Es ist damit offenbar gemeint, das Schenkungsversprechen wäre ein solches nach § 2301 BGB., es hätte daher in einem Testament (§§ 1937, 1939 BGB.) oder in einem Erbvertrag (§ 2274 ff.) erklärt werden müssen, und es wären daher die Formvorschriften der §§ 2231 ff. oder § 2276 BGB. zur Gültigkeit notwendig gewesen.

Diese Ansicht ist falsch. Denn eine Schenkung von Todes wegen nach § 2301 BGB. liegt nur vor, wenn das Schenkungsversprechen unter der Bedingung erteilt ist, daß der Beschenkte den Beschenker überlebt; hier aber ist das Versprechen von dieser Bedingung nicht abhängig gemacht, dieses Versprechen ist ebenso unwiderruflich wie die Auflassung im Hinblick auf § 873 Abs. 2 BGB.

Es liegt also ein Verpflichtungsvertrag unter Lebenden vor; zwar bedarf dieser zu seiner Gültigkeit nicht aus § 518 BGB. der notariellen Beurkundung (§§ 125, 128 BGB.), weil hier offenbar die Verhältnisse des § 1624 BGB. vorliegen, wohl aber aus § 313 BGB., da es sich um die Verpflichtung zur Übereignung eines Grundstücks handelt; diese Form ist aber mit der notariellen Urkunde vom 12. Januar 1932 gewahrt worden.

Beizufügen ist: Selbst wenn eine Schenkung von Todes wegen vorliegen würde und daher die hiefür vorgeschriebene Form nicht gewahrt wäre, müßte die Vormerkung trotzdem eingetragen werden, da eine solche stets einzutragen ist, wenn nur Antrag nach § 13 GBO. und Eintragungsbewilligung nach §§ 19, 29 GBO. (s. auch § 885 BGB.) vorliegt, diese Voraussetzungen hier gegeben sind und auch, wie schon unter 1, a ausgeführt, das Hindernis des § 40 GBO. nicht besteht. Denn das Grundbuchamt hat hier nur die formellen, nicht auch die materiellen Voraussetzungen der Eintragung zu prüfen.

3. Außerdem könne eine Übertragung des Eigentums an Grundstücken niemals unter einer Bedingung erfolgen, zur Sicherung eines nicht eintragungsfähigen Eigentumsanspruchs sei auch eine Vormerkung nicht zulässig.

Eine bedingte Auflassung ist nach § 925 Abs. 2 BGB. allerdings unwirksam, und läge eine solche vor, so könnte trotz des § 883 Abs. 1 Satz 2, BGB., der von bedingten Ansprüchen spricht, eine Vormerkung zur Sicherung des Anspruchs auf bedingte Eigentumsübertragung nicht eingetragen werden, da nur ein solches Recht vorgemerkt werden kann, das später endgültig eingetragen werden kann. Nun liegt aber hier eine bedingte Auflassung gar nicht vor, sie ist vielmehr eine unbedingte. Durch die Bestimmung, daß der Antrag auf Eintragung des Eigentumsüberganges beim Grundbuchamt erst gestellt werden dürfe, wenn der Übergeber nicht mehr am Leben sei, ist die Auflassung als solche, also die Einigung auf Übertragung und Erwerb des Eigentums, in keiner Weise berührt. Die Beteiligten haben die Auflassung unbedingt erklärt, sich aber lediglich die Stellung des Eintragungsantrags noch vorbehalten (s. Güthe-Triebel § 20, Anm. 39, Abs. 3 am Ende), da die Eintragung bis zum Ableben des Franz Alt verzögert werden wollte. Zur Sicherung des persönlichen Anspruchs der Marie Alt auf unbedingte Eigentumsübertragung konnte sehr wohl die Eintragung einer Vormerkung beantragt und bewilligt werden.

4. Die Vormerkung zur Sicherung des Anspruchs auf Übertragung des Miteigentumsanteils hätte daher an sich eingetragen werden können.

I b.

Zur Sicherung des Anspruchs der Marie Alt auf Pfandfreistellung bestellte Franz Alt des ferneren seiner Tochter eine Sicherungshypothek in Höhe von 5000 RM. und bewilligte die Eintragung einer Vormerkung dieser Sicherungshypothek an dem ihm verbleibenden Miteigentumsanteil. Das Grundbuchamt meint hier, daß ohne vorgängige Vermessung eine Eintragung der Vormerkung nicht möglich sei und hat den Vollzug abgelehnt.

1. Die Begründung der Ablehnung war jedenfalls falsch. Wäre Franz Alt Miteigentümer des Grundstücks gewesen und wäre er nicht Alleineigentümer, so hätte er seinen Miteigentumsanteil nach § 1114 BGB. sehr wohl mit einer Hypothek belasten können und es wäre daher auch die Eintragung einer entsprechenden Vormerkung möglich gewesen.

Das Grundbuch hat nun hier die Belastung eines ideellen Miteigentumsanteils mit der Belastung einer realen Teilfläche des Grundstücks verwechselt. Aber selbst, wenn die Belastung einer noch nicht weggemessenen Teilfläche gewollt gewesen wäre, stünde hier der Eintragung einer Vormerkung nichts im Wege; denn die Eintragung der Hypothek auf einer solchen Teilfläche ist nach § 6 GBO. wegen Besorgung der Verwirrung allerdings nicht statthaft, vielmehr muß in einem solchen Fall das Grundstück vermessen und darf erst auf der hiedurch zu einer selbständigen Plannummer umgewandelten Teilfläche, die ein eigenes Blatt zu erhalten hat, die Hypothek eingetragen werden. Dagegen kann die Vormerkung einer Hypothek auf einer noch nicht vermessenen Teilfläche eingetragen werden, wenn dieser Grundstücksteil genau und zweifelsfrei bezeichnet werden kann; s. Meikel-Imhof, § 6 Anm. 2 c.

Die Eintragung sowohl wie auch die Vormerkung der Hypothek ist aber hier aus anderen Gründen unzulässig.

2. Eine Hypothek kann zwar nach § 1113 BGB. zur Sicherung einer Geldforderung, also zur Sicherung des Anspruchs auf Zahlung einer Geldsumme eingetragen (und nach § 883 BGB. vorgemerkt) werden, nicht aber zur Sicherung eines Anspruchs auf Hypothekenfreigabe eines Grundstücks oder Grundstücksteils. Der richtige Weg wäre hier die Eintragung einer Vormerkung zur Sicherung des Anspruchs auf Aufhebung der Hypothek auf dem freizugebenden Grundstücksbruchteile nach §§ 1183, 883 BGB. gewesen.

3. Davon abgesehen, kann eine beantragte Hypothek oder Vormerkung hier deswegen nicht eingetragen werden, weil nach § 1114 BGB. eine solche Eintragung nur auf dem Bruchteile eines Miteigentümers, nicht aber auf dem Bruchteile eines Alleineigentümers erfolgen kann; Franz Alt ist aber durch Erbfolge Alleineigentümer der Pl. Nr. 25 geworden, der zufällige Umstand, daß er noch unrichtigerweise als Miteigentümer des Grundstücks eingetragen ist, kann daran nichts ändern.

4. Aus den beiden letztgenannten Gründen müßte also der Antrag auf Eintragung der Vormerkung der Hypothek abgewiesen werden.

Ic.

Der erste Antrag kann also an sich vollzogen, der zweite Antrag muß nach § 18 GBO. abgewiesen werden. Das Grundbuchamt wird auch den ersten Antrag abweisen, wenn es der Ansicht ist, daß der Wille der Beteiligten dahin ging, daß die eine Eintragung ohne die andere nicht erfolgen sollte. § 16 Abs. 2 GBO.

II.

1. Es wurde die Eintragung einer Eigentümerbriefgrundschuld beantragt und bewilligt, ferner die Eintragung von Zinsen, dinglicher Unterwerfungsklausel nach § 800 Abs. 1 ZPO. und einer Vormerkung nach § 1179 BGB. Außer der Grundschuld wurde nur die Vormerkung eingetragen, die Eintragung der Zinsen und der Unterwerfungsklausel dagegen abgelehnt. Sind die für die Ablehnung geltend gemachten Gründe richtig und ist die Vormerkung richtig eingetragen?

a) Eintragung der Zinsen.

Daß Zinsen bei einer Grundschuld überhaupt eingetragen werden dürfen, ergibt sich aus § 1192 Abs. 2 BGB. Sie dürfen aber auch bei Eigentümergrundschulden (§ 1196 BGB.) eingetragen werden, nur ruht hier der Zinsendienst nach Maßgabe des § 1197 Abs. 2 BGB. S. Meikel-Imhof, S. 135 oben. Wird später das Eigentum oder die Grundschuld veräußert und verwandelt sich damit die bisherige Eigentümergrundschuld in eine gewöhnliche Grundschuld, so beginnen die eingetragenen Zinsen sofort zu laufen.

Die Eintragung eines gleitenden Zinsfußes ist zulässig, es muß nur der Höchstsatz der Verzinsung angegeben werden; s. Meikel-Imhof, S. 55, Anm. 3; dies ist geschehen.

Der Zins hätte also eingetragen werden sollen.

b) Eintragung der dinglichen Unterwerfungsklausel.

Der Inhaber einer Eigentümergrundschuld kann zwar nach § 1197 BGB. nicht die Zwangsversteigerung gegen das eigene Grundstück betreiben, doch steht der Eintragung der dinglichen Unterwerfungsklausel nichts entgegen (Meikel-Imhof S. 135 oben), da sie bei späterer eventueller Veräußerung des Eigentums oder der Grundschuld zu voller Wirksamkeit gelangt.

Es hätte daher auch die Klausel eingetragen werden sollen.

c) Eintragung der Vormerkung nach § 1179 BGB.

Das Grundstück ist in Abteilung III unter 1/I (richtig 1) mit einer Vormerkung zur Sicherung des Anspruchs auf

Einräumung einer Sicherungshypothek, unter 2/II mit einer Buchhypothek vorbelastet.

Eine Vormerkung nach § 1179 BGB. kann nur zu Lasten einer Hypothek, nicht aber zu Lasten einer Vormerkung auf Bestellung einer Hypothek eingetragen werden, da sich diese letztere Vormerkung nie in eine Eigentümergrundschuld nach §§ 1163, 1177 BGB. umwandeln kann. Siehe RGRK. § 1179, Anm. 4. Diese Eintragung war daher unzulässig. Dagegen war die Vormerkung zu Lasten der Hypothek unter Nr. 2/II richtig eingetragen. Die Vormerkung kann sowohl zugunsten einer bestimmten Person, also als subjektiv persönliches Recht, als auch zugunsten des jeweiligen Gläubigers einer eingetragenen Hypothek, also als subjektiv dingliches Recht, eingetragen werden. S. RGRK. § 1179, Anm. 3; Meikel-Imhof, S. 135, Anm. oo.

Es hätte also die Vormerkung zu Lasten der Vormerkung unter 1/I nicht eingetragen werden dürfen, dagegen war sie zu Lasten der Hypothek unter 2/II richtig eingetragen.

2. Die Nichteintragung der bewilligten Zinsen hatte lediglich die Folge, daß für diese das Grundstück nicht dinglich haftet, sie hat keineswegs die Nichtigkeit der Hypothek zur Folge; S. RGRK. § 1115 Anm. 2. Auch die Nichteintragung der Unterwerfungsklausel bewirkt lediglich, daß nicht ohne weiteres gegen den jeweiligen Grundstückseigentümer vollstreckt werden kann. In diesem Nichtvollzug liegt eine teilweise Zurückweisung des Eintragungsantrags, dagegen wäre nach § 71 Abs. 1 GBO. Beschwerde zulässig gewesen. Ferner hätte die Eintragung der Vormerkung zu Lasten der Hypothekvormerkung nach § 54 Abs. 1 Satz 2 von Amts wegen gelöscht werden sollen. Die von Amts wegen erfolgte Löschung der Hypothek Nr. 3/III entbehrte jeder Rechtsgrundlage, allerdings war mit Löschung des Hauptrechtes die noch eingetragene Vormerkung als Nebenrecht gegenstandslos geworden und war mit der ungerechtfertigten Löschung des Hauptrechtes insoferne auch die Löschung dieses Nebenrechtes veranlaßt gewesen.

3. Mit der ungerechtfertigten Löschung von Grundschuld mit Vormerkung zu Lasten der Hypothek Nr. 2/II hat das Grundbuchamt unter Verletzung gesetzlicher Vorschriften eine Eintragung (auch eine Löschung ist eine Eintragung) vorgenommen, durch die das Grundbuch unrichtig geworden ist; denn Grundschuld sowie Vormerkung bestehen trotz Löschung nach wie vor zu Recht, nur sind sie unrichtigerweise nicht mehr eingetragen.

Das Grundbuchamt kann daher, wenn es sich von der Fehlerhaftigkeit seiner Löschung überzeugt, nach § 54 GBO. von Amts wegen einen Widerspruch gegen die Löschung von Grundschuld und Vormerkung zu Lasten der Hypothek Nr. 2/II eintragen. Andernfalls kann nach § 71 Abs. 2 GBO. im Wege der Beschwerde verlangt werden, daß das Grundbuchamt angewiesen wird, einen Amtswiderspruch einzutragen. Übrigens könnte Franz Alt nach §§ 13, 22 GBO. auch gleich Antrag auf Berichtigung des Grundbuchs durch Wiedereintragung der zu Unrecht gelöschten Rechte stellen.

Zugleich konnte er wegen der Zinsen und Unterwerfungsklausel nachträgliche Eintragung nach erfolgter Wiedereintragung der Grundschuld verlangen, im Ablehnungsfalle konnte er, wie schon erwähnt, Beschwerde nach § 71 Abs. 1 ergreifen.

In diesem Sinne hätte dem Alt Auskunft erteilt werden sollen.

III.

Es handelt sich hier um die Vorpfändung einer Forderung, für die eine Buchhypothek besteht.

1. Die Pfändung einer bloßen Geldforderung erfolgt nach § 829 ZPO. durch Pfändungsbeschluß und dessen Zustellung an den Drittschuldner. Nach § 845 Abs. 1 ZPO. kann schon vorgepfändet werden, die Vorpfändung hat nach § 845 Abs. 2 ZPO. die Wirkung eines bedingten Arrestes, also nach § 930 ZPO. einer bedingten Pfändung. Wird die unbedingte Pfändung der Forderung binnen 3 Wochen bewirkt, so entsteht eine endgültige Pfändung der Forderung mit dem Datum der Benachrichtigung bei der Vorpfändung.

2. Entsprechendes gilt für eine Forderung, für welche eine Buchhypothek besteht. Deren Pfändung wird nach § 930 ZPO. durch Pfändungsbeschluß und Eintragung der Pfändung im Grundbuch bewirkt. Auch sie kann nach § 845 Abs. 1 ZPO. schon vorgepfändet werden, ist dem Grundbuch der Nachweis der Benachrichtigung an den Drittschuldner erbracht, so ist die Vorpfändung in das Grundbuch einzutragen, damit die Forderung mit Hypothek bedingt gepfändet und der Rang des künftigen Pfandrechtes gewahrt. Wird nun die Pfändung von Forderung und Hypothek nach § 930 ZPO. binnen 3 Wochen bewirkt, wird also auf Grund nunmehr ergangenen Pfändungsbeschlusses die Pfändung im Grundbuch eingetragen, so entsteht damit ein endgültiges Pfandrecht an Forderung und Hypothek mit dem Datum der ersten Eintragung.

3. Die Vorpfändung konnte und mußte hier eingetragen werden; Voraussetzung hiefür war lediglich das Vorhandensein eines Vollstreckungstitels, dessen sonst nach § 750 ZPO. vorgeschriebene Zustellung an den Schuldner war hier nicht erforderlich: diese Zustellung ist lediglich zur Erwirkung des späteren Pfändungsbeschlusses erforderlich, sie konnte also noch in der Zeit zwischen Benachrichtigung und Erwirkung des Pfändungsbeschlusses erfolgen. Das Vorliegen eines gerichtlichen Forderungspfändungsbeschlusses ist vorerst selbstredend nicht nötig, die Vorpfändung bezweckt ja gerade, ein vorläufiges Pfandrecht einstweilen ohne einen solchen Beschluß zu erwirken. Der Pfändungsbeschluß des § 829 ZPO. ist vom Überweisungsbeschluß des § 835 ZPO. vollständig unabhängig, beide verhalten sich ähnlich wie die Pfändung und die Versteigerung bei Mobilien.

4. Es war daher nicht die Eintragung einer Pfändung oder einer Vormerkung möglich, wohl aber die einer Vorpfändung, und es war daher der Antragsteller zur Richtigstellung seines Antrags zu veranlassen. Von einer Verteilung der Forderung zu 560 RM. auf die einzelnen Grundstücke konnte selbstredend keine Rede sein, da es sich hier nicht um die Eintragung einer Zwangshypothek auf mehrere Grundstücke nach § 867 ZPO., sondern um die Pfändung

einer Forderung mit Hypothek nach §§ 829, 830 ZPO. handelt.

IV.

1. Soll eine reale Teilfläche eines Grundstücks veräußert werden, so ist sie, wie sich aus § 4 GBO. mit § 307, II DAfGBA. ergibt, vom alten Blatt abzuschreiben und auf ein neues Blatt zu übertragen. Diese Abschreibung der Teilfläche vom alten Eigentümer und Zuschreibung auf den neuen Eigentümer und erst mit ihr nach § 873 BGB. erfolgende Eigentumsänderung ist nun nach § 96 GBO. und § 318 DAfGBA. erst zulässig, wenn ein amtliches Messungsverzeichnis gebildet und dem Grundbuchbeamten vorgelegt worden ist. Vor Bildung dieses Messungsverzeichnisses ist nun nicht nur die Schließung des obligatorischen Vertrags nach § 313 BGB., sondern auch die Erklärung der Auflassung nach §§ 873, 925 zulässig, wenn nur auch ohne das Messungsverzeichnis der Auflassungsgegenstand zweifelsfrei bezeichnet werden kann. Stets ist dann aber noch nach Bildung des Messungsverzeichnisses eine Messungsanerkennung durch Veräußerer und Erwerber nötig, gleichgültig, ob die Eintragungsbewilligung des Veräußerers nach § 19 GBO. vor oder nach dem Messungsverzeichnis erklärt worden ist. S. Meikel-Imhof, S. 278, Anm. 3a; S. 349, Anm. d; BayObLG. 24, 293. Nach Inhalt der Aufgabe ist hier sowohl der Kaufvertrag wie die Auflassung vor der Vermessung erklärt worden.

2. Hat der Gläubiger gegen Schuldner einen Vollstreckungstitel wegen einer Geldforderung und hat Schuldner gegen einen Dritten aus einem Kaufvertrage nach § 313 BGB. einen Anspruch auf Übertragung des Eigentums (Auflassungsanspruch), so kann Gläubiger diesen Anspruch des Schuldners gegen den Drittschuldner nach §§ 829, 835, 848 ZPO. pfänden und sich zur Einziehung überweisen lassen; es ist ein Sequester zu bestellen, an diesen hat als Vertreter des Schuldners die Auflassung und Eintragungsbewilligung seitens des Drittschuldners zu erfolgen, mit der darauf erfolgten Eintragung ist der Schuldner Eigentümer geworden und hat der Gläubiger eine Sicherungshypothek

für seine Forderung kraft Gesetzes erlangt; der Sequester hat die Eintragung der Sicherungshypothek zu bewilligen. Ist zwischen Schuldner und Drittschuldner nicht nur der obligatorische Kaufvertrag, sondern auch schon die Auflassung erfolgt, so hat der Schuldner gegen den Dritten ein Recht auf Eintragung im Grundbuch, dieses Recht kann vom Gläubiger nach §§ 829, 835, 857 ZPO. gepfändet und überwiesen werden, nunmehr kann der Gläubiger an Stelle des Schuldner-Erwerbers die Umschreibung des Grundstücks auf dessen Namen beantragen, der Drittschuldner-Veräußerer hat, soweit sie noch nicht erklärt ist, die Eintragungsbewilligung nach § 19 GBO. abzugeben. Im übrigen treten die gleichen Folgen ein wie im vorgenannten Falle. Siehe Meikel-Imhof, S. 288, 289, Anm. c.

3. Diese Vorschriften finden entsprechende Anwendung, wenn es sich um Übereignung nicht eines ganzen Grundstückes, sondern nur einer Teilfläche handelt, nur ist das oben Gesagte zu beachten. Wäre daher lediglich der Kaufvertrag, noch nicht aber die Auflassung erklärt worden, so könnte Reich den Auflassungsanspruch des Alt gegen Korn nach § 848 ZPO. pfänden lassen; Korn hätte die Auflassung an einen Sequester als Vertreter des Alt zu erklären, des ferneren die Eintragungsbewilligung, und für den Fall, daß die Auflassung vor der Fertigung des Messungsverzeichnisses erklärt würde, wäre noch die Beurkundung einer Messungsanerkennung erforderlich, zu deren Mitwirkung Korn verpflichtet wäre. Nun ist aber hier nicht nur der Kaufvertrag, sondern auch schon die Auflassung erklärt worden; Reich wird also hier eine Pfändung nach § 857 ZPO. veranlassen, Korn ist zur Eintragungsbewilligung und Messungsanerkennung verpflichtet, daraufhin wird die Teilfläche, für die eine selbständige Plannummer gebildet worden ist, auf Alt umschrieben und für Reich eine Sicherungshypothek eingetragen.

4. Reich wollte auf Grund seines Vollstreckungstitels gegen Alt die Teilfläche zu 0,700 ha auf Alt nach § 14 GBO. berichtigen und sodann auf Grund des § 866 ZPO. auf ihr eine Zwangshypothek eintragen lassen. Wäre Alt tatsächlich

schon Eigentümer der Fläche gewesen, so hätte er allerdings nach § 14 GBO. Berichtigung des Grundbuchs beantragen können, er hätte aber wegen Nichterreichung der Wertgrenze nach § 866 Abs. 3 ZPO. nicht die Eintragung einer Zwangshypothek beantragen (s. oben S. 50), sondern lediglich mit Zwangsversteigerung oder Zwangsverwaltung vorgehen können, § 866 Abs. 1 und 2 ZPO. Wie oben ausgeführt, war aber Alt noch gar nicht Eigentümer der Fläche, es konnte daher der Antrag auf Berichtigung nicht gestellt werden.

V.

Einen Bestandteil des Erbteilsanspruchs bildet auch der Auseinandersetzungsanspruch der §§ 2052 ff. BGB.; der Erbteilsanspruch kann nach §§ 2033 Abs. 1 BGB., 829, 935, 857, 859 Abs. 2 ZPO. gepfändet und überwiesen werden; mit Pfändung des Erbteilsanspruchs ist daher auch der Erbauseinandersetzungsanspruch gepfändet und überwiesen.

Zugunsten einer Forderung des Faß, für welche er einen Vollstreckungstitel besaß (Anerkenntnisurteil), ist der Erbteils- und Auseinandersetzungsanspruch jedenfalls richtig gepfändet und überwiesen worden.

Die drei Miterben sind im Grundbuch als Gesamteigentümer schon eingetragen; die Pfändung des Erbteils als Verfügungsbeschränkung kann daher im Grundbuch im Wege der Berichtigung eingetragen werden: Meikel-Imhof, S. 314 Anm. c.

Dagegen kann die Zwangshypothek auf dem einzelnen Grundstück Pl. Nr. 30 nicht eingetragen werden, einmal, weil über den Anteil an den einzelnen Nachlaßgegenständen nach § 2033 Abs. 2 BGB. nicht verfügt werden kann, also auch eine Pfändung unmöglich ist, ferner, weil, selbst wenn eine Pfändung möglich wäre, der Eintragung der Zwangshypothek hier § 866 Abs. 3 ZPO. entgegenstehen würde.

Ebenso, wie gegen den erbengemeinschaftlichen Anteil eines oder mehrerer Grundstücke des Schuldners durch Eintragung einer Zwangshypothek, so kann auch durch Zwangsversteigerung oder Zwangsverwaltung nicht vollstreckt werden.

Nachdem aber dem Faß der Erbanteil des Erwin Alt am Nachlasse des Franz Alt gepfändet und zur Einziehung überwiesen worden ist, steht nichts entgegen, daß nunmehr Faß an Stelle des Erwin Alt die Auseinandersetzung des Nachlasses nach § 2042 betreibt, wobei ihm dann an dem Überschuß (§ 2047 BGB.) ein Vorzugsrecht gebührt. Zum Zwecke der Aufhebung der Gemeinschaft kann er dabei die Grundstücke nach §§ 180 ff. ZVG. versteigern lassen.